# Peter Lustigs zweites Bastelbuch

W0238300

Norbert Golluch  Peter Lustig  Burckhard Mönter

vgs

Diese beiden Zeichen weisen in den Kapiteln „Schwerkraft“ und „Magnete“ auf den Anfang und das Ende der Bastelanleitungen hin.

CIP-Kurztitelaufnahme der Deutschen Bibliothek

*Lustig, Peter:*
[Bastelbuch]
Peter Lustigs . . . Bastelbuch / Norbert Golluch ; Peter Lustig ; Burckhard Mönter. – Köln : vgs
Bd. 1 verf. von Peter Lustig ; Burckhard Mönter

NE: Mönter, Burckhard:; Golluch, Norbert:
2.–1. Aufl.–1987.
ISBN 3-8025-5041-2

1. Auflage 1987

Fotos: Norbert Golluch, Köln (S. 41 links, S. 43 rechts, S. 49, 52, 56), Keystone (S. 8, 16), Klaus-Peter Voutta, Berlin (S. 1, 4, 5, 32, 44, 50), alle übrigen Wolfgang Arntz, Wermelskirchen
Illustrationen: Grafik Design Hübler, Köln
Reproduktion der Abbildungen: KST-Litho, Köln
Satz: Fotosatz Froitzheim, Bonn
Druck: Universitätsdruckerei H. Stürtz AG, Würzburg
Herstellung und Layout: Ilse Rader
Printed in Germany
ISBN 3-8025-5041-2

# Inhalt

# (K)ein leichtes Spiel mit der Schwerkraft

*Hmm, sieht der Apfel lecker aus! Den pflück' ich noch. Ein kleines bißchen nach vorne, dann hab' ich ihn.*

*Also so was! Ich krieg' ihn nicht. Dabei fehlt doch nur ein kleines Stückchen. Aber ich komm' nicht dran!*

*He, hoppla – beinahe hätte ich das Gleichgewicht verloren. Gleichgewicht? Klar, wenn ich mich zu weit vornüber beuge, bin ich auf dieser Seite zu schwer. Ich müßte also auf der anderen Seite auch etwas Schweres haben.*

*Moment mal – zum Stehen brauche ich nur* ein *Bein, das andere habe ich doch noch frei. Wenn ich das ganz weit nach hinten wegstrecke und auch noch den Apfelkorb dranhänge, könnte dies doch das Gegengewicht zu meinem Arm und zu meinem vorgebeugten Oberkörper sein. Das probier' ich mal!*

*Es hat geklappt! Dieser Apfel schmeckt jetzt besonders gut!*

# Über- und Gleichgewicht

Das mit dem Gleichgewicht könnt ihr selbst ausprobieren, das funktioniert nämlich nicht nur beim Äpfelpflücken. Dazu stellt ihr euch mit den Fußspitzen etwa eineinhalb bis zwei Schuh- oder Fußlängen von einer Wand entfernt auf. Dann lehnt ihr euch mit der Stirn so gegen die Wand, wie das Foto oben es zeigt.
So, jetzt versucht einmal, euren Kopf von der Wand zu lösen und euch gerade hinzustellen. Na, klappt wohl nicht? Wenn ihr es noch einmal probiert, merkt ihr, wie nur vorne eure Zehen und nicht der ganze Fuß fest auf den Boden drücken. Ihr seid vorne zu schwer und habt dort „Übergewicht“. Um wieder ins Gleichgewicht zu kommen, müßtet ihr auf der anderen Seite – hinter euch – auch etwas Schweres haben. Streckt doch mal ein Bein nach hinten aus. Ja, noch weiter! Aha, jetzt könnt ihr euch von der Wand lösen!
Tja, wir Menschen sind von Natur aus richtige Gleichgewichtskünstler. Beim Gehen zum Beispiel ist doch immer ein Fuß in der Luft und nur einer am Boden. Wir fallen dennoch nicht um – meistens jedenfalls nicht. Aber es gibt auch richtige Gleichgewichtskünstler, z. B. Jongleure.
Sie können noch Sachen balancieren, die uns schon lange heruntergefallen wären. Dazu gehören sicher viel Gefühl und Übung.
Na ja, ich will ja nicht unbescheiden sein, aber ein bißchen Gleichgewichtskünstler bin ich auch. Zumindest zaubern kann ich mit der Schwerkraft und euch einige Tricks verraten. Damit könnt ihr sogar ein paar schlaue Erwachsene verblüffen.

# Der Zauberstab

Wetten, daß ich genau die Mitte irgendeines Stabes finden kann, und das noch mit geschlossenen Augen?
Die Mitte ist die Stelle, an der ich den Stab auf einem Finger balancieren kann. Ein Stückchen rechts oder links daneben funktioniert das nämlich nicht, dann fällt er herunter. Versucht es doch mal!
Ach so, wo genau ist denn die Mitte des Stabes? Man könnte mit einem Metermaß die Länge des Stabes ausmessen und davon die Hälfte nehmen. Aber dazu muß man natürlich rechnen! Es geht viel einfacher – schaut mal her! Damit ihr mir das mit den geschlossenen Augen auch glaubt, habe ich mir ein Tuch umgebunden.

Ich lege den Stab auf die ausgestreckten Zeigefinger meiner beiden Hände. Und jetzt schiebe ich sie langsam zusammen, bis sie sich berühren. Und an dieser Stelle genau ist die Mitte des Stabes! Ihr zweifelt? Wir können die Stelle auf dem Stab mit einem Stift markieren und dann nachmessen. Aber zuerst nehme ich mal die Augenbinde ab. Daß ich genau die Mitte des Stabes gefunden habe, seht ihr aber auch daran, daß ich den Stab genau an dieser Stelle auf einem Finger balancieren kann.
Obwohl das wie Zauberei anmutet, ist es doch ganz leicht. Versucht es auch mal! Dazu könnt ihr eine Latte, einen Besenstiel (also ohne Besen dran) oder einfach ein Lineal nehmen. Wichtig

ist, daß der Stab – egal ob rund oder eckig – gleichmäßig geformt, d.h. überall gleich schwer ist. Wenn ihr die Finger zusammenschiebt, merkt ihr auch, wie es funktioniert. Der Stab rutscht nie auf beiden Fingern gleichzeitig, sondern immer nur auf einem. Und zwar so lange, bis dieser Finger ein ganzes Stück näher zur Stabmitte gekommen ist als der andere. Dadurch trägt dieser Finger aber auch mehr von dem Gewicht des Stabes als der andere. (Genau in der Mitte würde er das ganze Stabgewicht tragen!)
Durch das größere Gewicht rutscht der Stab aber immer schwerer über diesen Finger und bleibt schließlich liegen. Nun rutscht der Stab auf dem anderen Finger, der ja jetzt weiter von der Mitte entfernt ist. So geht es abwechselnd von der einen und von der anderen Seite, bis sich die Finger genau unter der Stabmitte treffen.
Wenn ihr diesen „Zauberstab-Trick“ vor Zuschauern vorführt, dann rückt nicht gleich mit der Erklärung raus. Laßt den anderen genügend Zeit zum Überlegen. Ihr wißt ja, es selbst herauszufinden, macht mehr Spaß!

**Was ihr gebrauchen könnt**

Für meine Basteleien habe ich allerlei Materialien verwendet, die ich in meiner Krims-Krams-Kiste gefunden habe. So etwas gibt es sicher bei euch auch. Sonst könnt ihr alle Gegenstände leicht besorgen. Dort, wo ihr noch zusätzliche Teile braucht, steht ein Hinweis bei der Bastelanleitung.

# Ein Schwerkraft-Teufel

Das ist euch sicher auch schon einmal passiert: Ihr habt mit dem Stuhl gewippt, so daß er nur noch mit zwei Beinen auf dem Boden stand, geschaukelt, und – rums – da lagt ihr! Die Schwerkraft läßt sich eben nicht überlisten!
Oder doch?

Fast könnte man es glauben, wenn man sich den Schwerkraft-Teufel ansieht. Obwohl er nur auf zwei spitzen Streichholzbeinchen steht, kippt er nicht um. Auch nicht, wenn man ihn anstößt; dann wippt er nur ein wenig. Ihr möchtet wissen, wie er das macht? Wenn ihr euch anschaut, wie und woraus ich ihn gebaut habe, könnt ihr es herausbekommen.

Als Körper habe ich eine Styroporkugel verwendet, die man in einem Blumen- oder Bastelladen kaufen kann. Ihr könnt euch die Form auch aus Styroporresten mit einem scharfen Messer herausschneiden. Sie braucht nicht rund zu sein. Streichhölzer bzw. Zahnstocher habe ich als Beine und Hörner in das Styropor gesteckt. Die Arme und den Schwanz habe ich aus Draht gebogen. Dabei ist besonders wichtig, daß der Draht für den Schwanz ziemlich fest ist und sich nicht zu leicht verbiegt. Ich habe dafür ein Stück Schaltungsdraht genommen. Das ist ein dikker Kupferdraht, ummantelt mit farbigem Kunststoff, den ich im Elektrogeschäft gekauft habe. Man kann aber auch einfach einen Kleiderbügel aus Draht verwenden, den man in Geschäften für Bekleidung umsonst mitbekommt. Mit einer Zange lassen sich passende Stücke abschneiden und zurechtbiegen. Der Draht für den Schwanz wird möglichst weit in das Styropor hineingeschoben, etwa 5 cm tief.

# Die Balancier-Maus

Ich habe ihn zusätzlich noch mit Klebstoff festgeklebt. Der Draht muß fest sitzen, denn am anderen Ende wird eine dicke Eisenschraube, ein Stein oder sonst etwas Schweres befestigt. Damit man das aber nicht gleich sieht, habe ich ein altes Stück Pelz darumgeklebt. Ein Stück Stoff oder Wollfäden kann man statt dessen auch nehmen.

Merkt ihr etwas?
Das schwere Teil am Ende des Drahts ist das Geheimnis des Schwerkraft-Teufels! Denn wenn Teufel und Schwanz etwa gleich groß sind, und die Schraube schwerer ist als der Styroporkörper, wird die Schraube durch die Schwerkraft stärker nach unten gezogen. Der Teufel kann gar nicht umkippen.

**Styropor und Klebstoff**

Nicht alle Klebstoffe vertragen sich mit Styropor, manche zersetzen es. Meist findet man schon einen Hinweis auf der Klebstoff-Packung. Sonst muß man ihn vorher an einem Styroporstück ausprobieren.

Wenn man eine Schraube an einem geraden Stück Draht befestigt, dann wundert sich keiner, daß sie nach unten hängt. Biegt man den Draht aber erst ein Stück hoch und dann nach unten, sieht das schon merkwürdiger aus. Obwohl die Schraube immer noch herunterhängt.
Dies ist auch genau der Trick der Maus, die nur auf einer Pfote balancieren kann.

Den Körper schneidet ihr aus einem Stück Styropor heraus. Der Draht für den Schwanz stammt von einem aufgebogenen Kleiderbügel. Das gerade Stück steckt ihr ganz durch das Styropor, so daß es auf der anderen Seite wieder herauskommt. Es ist damit gleichzeitig die Vorderpfote, auf der die Maus balanciert.
Den Mauseschwanz beschwert ihr mit einer Eisenmutter. Kürzer abgeschnittene Drahtstücke bilden die restlichen Pfoten. Jetzt

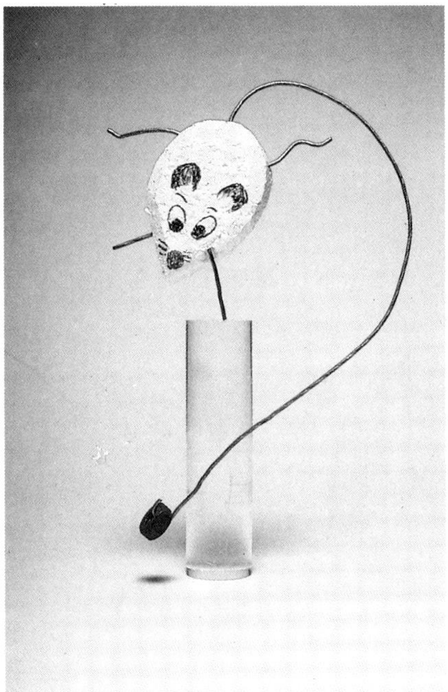

noch mit Filzstiften Augen, Ohren und Nase aufgemalt, und fertig ist die Maus!

Man kann die Balancier-Maus sogar auf einem Finger balancieren lassen.

Wenn man weiß, daß ihr Schwanzende schwerer als ihr Körper ist und damit nach unten hängt, ist der Handstand auf einer Pfote gar nicht mehr so überraschend.

**Balance-Hilfen für den Schwerkraft-Teufel und die Balancier-Maus**

Balancieren sie nicht gleich und kippen um, ist entweder der Schwanz zu kurz oder das Teil am Ende nicht schwer genug. Dann solltet ihr einen längeren Draht verwenden oder eine schwerere Schraube suchen. Balancieren sie nicht gerade genug und kippen zu einer Seite, braucht ihr den Draht nur ein Stück in die andere Richtung zu biegen. Dazu hält man ihn vor dem Styroporkörper mit der Hand oder mit einer Zange fest, damit der Draht beim Biegen nicht aus dem Styropor herausreißt.

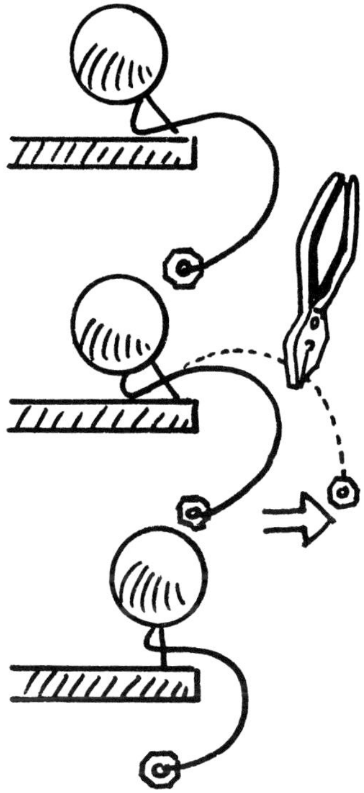

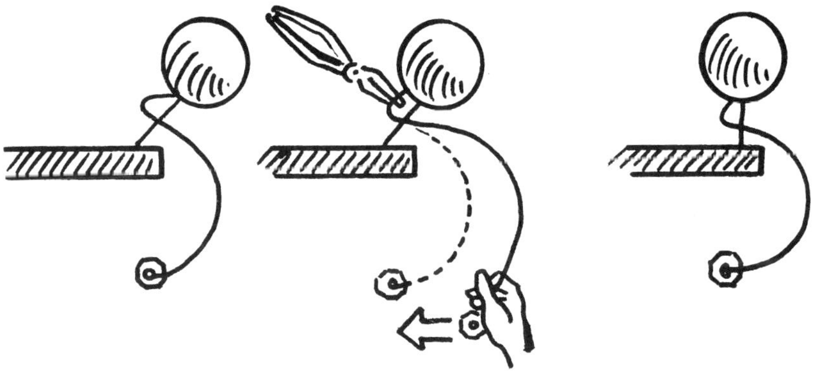

# Balancier-Künstler

Warum fällt der Balancier-Künstler nicht von seinem Podest herunter? Ein wenig besorgt schaut er schon drein.

Er balanciert nicht nur auf einem Bein – genauer gesagt auf einer Nagelspitze –, sondern trägt sogar rechts und links an seiner Balancierstange noch Eisenschrauben. Wie schafft er das bloß? Er hat doch nicht, wie der Teufel oder die Maus, ein schweres Teil, das nach unten hängt. Oder vielleicht doch?
Wenn ihr genau hinschaut, seht ihr, daß die Schrauben tiefer sitzen als die Nagelspitze, auf der er steht. Besonders deutlich wird das, wenn man ihn von der Seite anschaut.

Durch ihr Gewicht werden die Schrauben nach unten gezogen, und zwar stärker als der leichte Körper. Dabei spielt es keine Rolle, daß sich die Schrauben nicht unmittelbar unter dem Körper, sondern zu beiden Seiten darunter befinden.
Der Balancier-Künstler ist ganz einfach zu basteln. Der Körper besteht aus einem Nagel, auf dem am anderen Ende der Nagelspitze als Kopf eine Kugel aus Pappmaché, Styropor oder Holz aufgesteckt ist. Auch einen kleinen Ball kann man nehmen. Nur sollten Kopf und Körper nicht schwerer als die Schrauben am Ende der Balancierstange sein. *Wichtig* ist auch, daß der Draht für die Stange nicht zu dünn und damit zu weich ist. Er darf sich nicht schon durch das Gewicht der Schrauben verbiegen.
Der Draht wird in der Mitte einige Male fest um den Nagel gewikkelt. Wenn der Draht dabei herunterrutscht, umwickelt man den Nagel mit einem Streifen Klebeband. Das gibt dem Draht Halt. Die Arme der Figur kann man aus Stoff, Papier oder Pfeifenreinigern basteln.

Übrigens – wenn ihr die Nagelspitze etwas abfeilt und dann mit der Kante der Feile eine kleine Kerbe hineinmacht, balanciert die kleine Figur auch auf einem ausgespannten Faden. Schon habt ihr einen Seiltänzer.

Auf der nächsten Seite seht ihr noch einen Balancier-Künstler, dieses Mal in einer „Luxusausführung“.

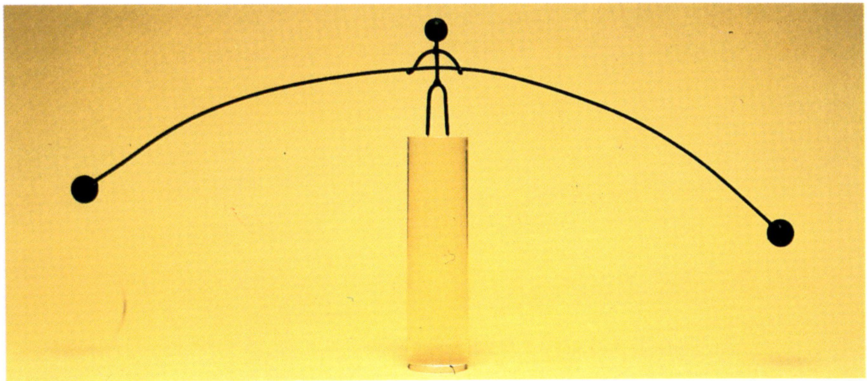

Körper und Balancierstange sind aus Kleiderbügel-Draht gebogen. Durch Löten werden die Drahtstücke miteinander verbunden.

Der Kopf besteht aus einer leichten Holzkugel. Am Ende der Balancierstange sind schwerere Stahlkugeln aufgesteckt. Sie kann man gleich mit einem Loch in der Mitte in einem Bastelladen kaufen. Damit der Unterschied zwischen Eisen und Holz nicht so auffällt, malt ihr den ganzen Seiltänzer an.

Richtige Seiltänzer, wie sie im Zirkus auftreten, haben in der Balancierstange nichts Schweres versteckt. Sie halten das Gleichgewicht durch ihre Körperbewegungen. Mit der Stange

### Ausbalancieren der Balancier-Künstler

Nicht aufgeben, wenn die Figur nicht gleich perfekt balanciert! Fällt sie um, biegt ihr die Drahtenden mit den Schrauben ganz nach unten. Sollte sie dann immer noch nicht stehen, müßt ihr schwerere Schrauben suchen. Kippt sie nach vorn, biegt ihr die Drahtenden ein Stück nach hinten. Neigt sie sich nach hinten, biegt ihr die Drahtenden nach vorn. Neigt sie sich zu einer Seite, so wird der Drahtbügel auf der gegenüberliegenden Seite etwas geradegebogen, so daß die Schraube dort mehr nach außen kommt.

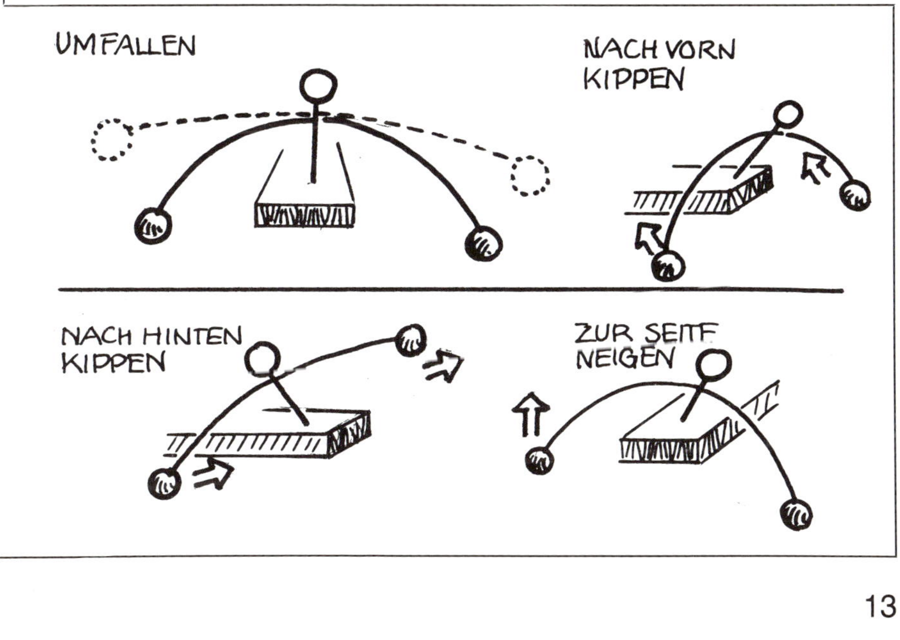

# Rad-Akrobaten

geht das Balancieren nur etwas leichter. Wenn ihr über ein schmales Geländer geht, streckt ihr ja auch die Arme wie eine Balancierstange vom Körper weg. Aber viele Zirkustricks gehen genauso wie die Balanciermaus oder unser selbstgebastelter Seiltänzer. Auch Motorradfahrer auf dem Hochseil halten oft so das Gleichgewicht. Unter dem Motorrad hängt ein Gestell, in dem ein oder mehrere Artisten Turnkunststücke vorführen. Mit ihrem Gewicht halten sie das Rad aufrecht.

Vielleicht habt ihr ein Spielzeugmotorrad mit abnehmbaren Reifen, so daß es mit den Felgen auf einem Seil fahren kann. Dann könnt ihr diese Artistennummer leicht nachspielen. Am Motorrad befestigt ihr einen Bügel aus Draht, an dem ihr unten ein Knetemännchen, einen Stein oder ein anderes schweres Teil anbringt.

Meine gebastelten Einrad-Akrobaten machen es genauso. Ihr kennt den Trick ja schon: unten etwas Schweres. Es gibt viele verschiedene Möglichkeiten, sie zu bauen. Die zwei Bastelideen auf den folgenden Seiten sollen nur Beispiele dafür sein. Am besten schaut ihr in eurer Krims-Krams-Kiste nach, ob sich etwas Geeignetes findet. Dabei kommen die guten Ideen wie von selbst.

# Der drahtige Einradakrobat

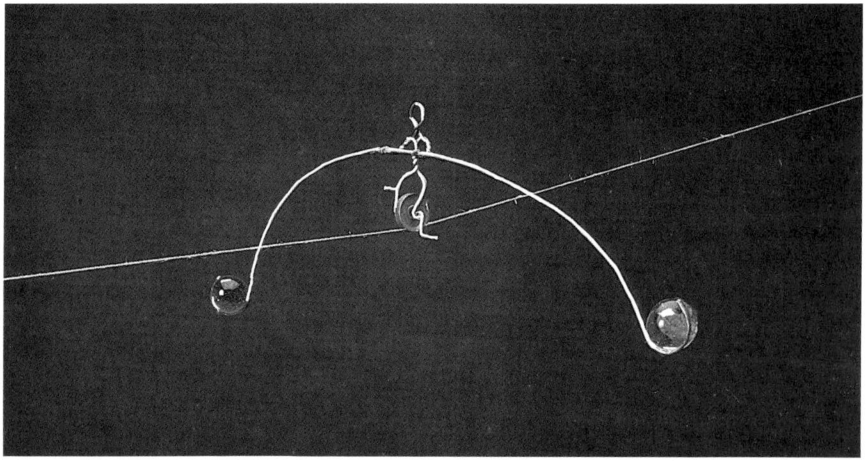

# Der Papp-Rad-Roller

Zwei Glasmurmeln, ein Rad aus einem Baukasten und Drahtstükke braucht ihr. Aus einem dünnen, etwa 30 cm langen Draht biegt ihr mit einer Zange den Körper. Hände und Füße formt ihr zu Drahtschlaufen. An den Füßen dreht sich darin ein Stück Draht als Achse für das Rad. Durch die Schlaufen der Hände steckt ihr als Balancierstange ein Stück von einem Drahtkleiderbügel.

Ganz *wichtig* ist es, daß die Stange sich nicht in den Händen des Männchens verdrehen kann, sonst kippt es später nach vorne oder nach hinten. Man kann die Stange zusätzlich an den Händen festkleben. Die Drahtenden biegt ihr um die Glaskugeln zu einem Halbkreis, anschließend wird Klebeband um Draht und Kugeln gewickelt. So sind sie fest miteinander verbunden.

Die Balancierstange mußte ich wie beim Balancier-Künstler noch etwas zurechtbiegen (s. S. 13), weil der Einradakrobat nicht gleich ganz gerade balancierte. Jetzt ein Seilende hochgehalten und – schnurr – radelt der Akrobat los.

Ganz ohne Draht kommt dieser Artist aus. Sein Foto seht ihr auf Seite 16. Er rollt auf einem Papprad, das aus dem Ring einer leeren Klebebandrolle gebastelt wird. Man kann dazu auch einen Ring von einer Toilettenpapierrolle oder eine Scheibe von einem dickeren Korken abschneiden.

Jetzt fehlen noch die Seitenscheiben. Dazu legt ihr den Ring zweimal auf ein Stück Pappe, zeichnet einen Kreis drumherum und schneidet diese beiden Kreise etwas größer aus. Die Seitenscheiben sollen ja an der Rolle überstehen (Die Zeichnung unten zeigt es). Die Scheibenmitten durchbohrt ihr mit einem Zahnstocher. (Wie man genau die Mitte eines Kreises findet, steht auf Seite 16) Der Zahnstocher wird als Achse durch die Scheiben gesteckt. Diese werden dann rechts und links am Ring festgeklebt. Versucht nicht, die Löcher erst nach dem Kleben hineinzustechen, weil die Scheiben dann knicken und verbiegen.

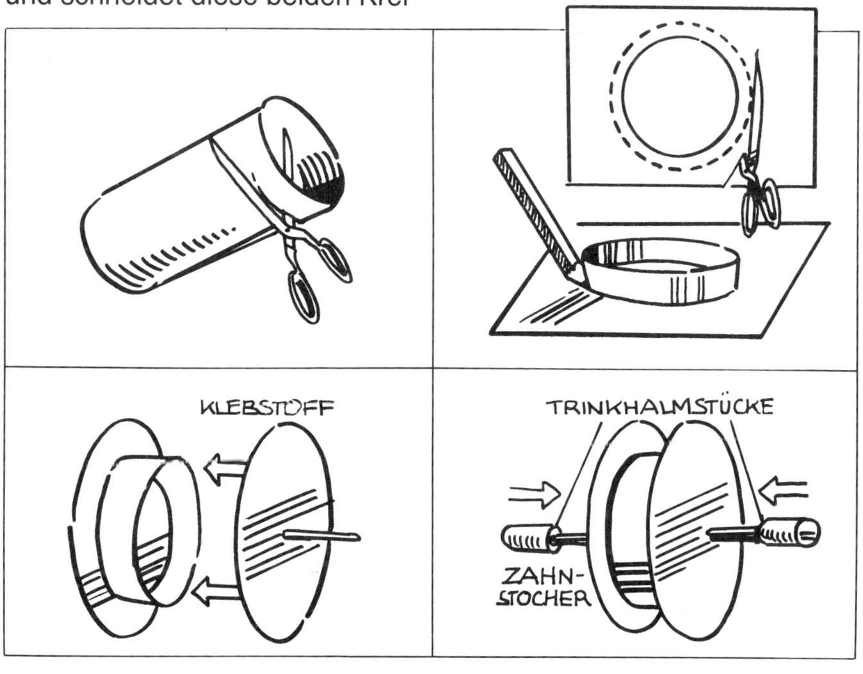

## Wie man den Mittelpunkt eines runden Teils findet

Es geht ganz einfach – ohne ein Lineal und ohne zu messen. Legt den runden Gegenstand auf ein Blatt Papier und malt einen Kreis drumherum. Den schneidet ihr aus und faltet ihn so, daß die Ränder aufeinander liegen. Der Halbkreis, der so entsteht, wird noch einmal gefaltet und bildet eine Art Tüte. Die Spitze der Tüte schneidet ihr mit einer Schere ab. Wenn ihr das Papier jetzt auseinanderfaltet, hat es in der Mitte ein Loch. Legt nun dies Papier genau auf das runde Teil und zeichnet mit einem Stift durch das Loch den Mittelpunkt an.

Jetzt braucht ihr nur noch den Körper des Artisten. Die Form, die ihr rechts seht, malt ihr – vergrößert – auf Pappe auf. Die Beine sind besonders lang, weil sie ja später geknickt werden. Außerdem müssen sie so weit auseinanderstehen, daß die Papprolle dazwischen Platz hat. Über die herausstehenden Enden des Zahnstochers schiebt ihr zwei Stücke eines Plastiktrinkhalms und klebt sie hinter den Knien des Artisten fest. Vorsicht, daß kein Halmstück verrutscht und schief sitzt. Dann kann sich die Rolle nicht gut drehen. Wenn euch das passiert, macht die Halmstücke gleich wieder los und klebt sie neu fest.

So, jetzt fehlt aber noch etwas Entscheidendes, denn so, wie er jetzt ist, würde der Artist vom Seil fallen. Richtig, er muß unten noch beschwert werden! Deshalb bekommt er als Papp-Rad-Roller dicke Füße aus Knete.

## Der Gabel-Trick

Wie kann man zwei oder mehrere Gabeln so in einen Flaschenkorken stecken, daß man ihn auf einer Bleistiftspitze balancieren kann?

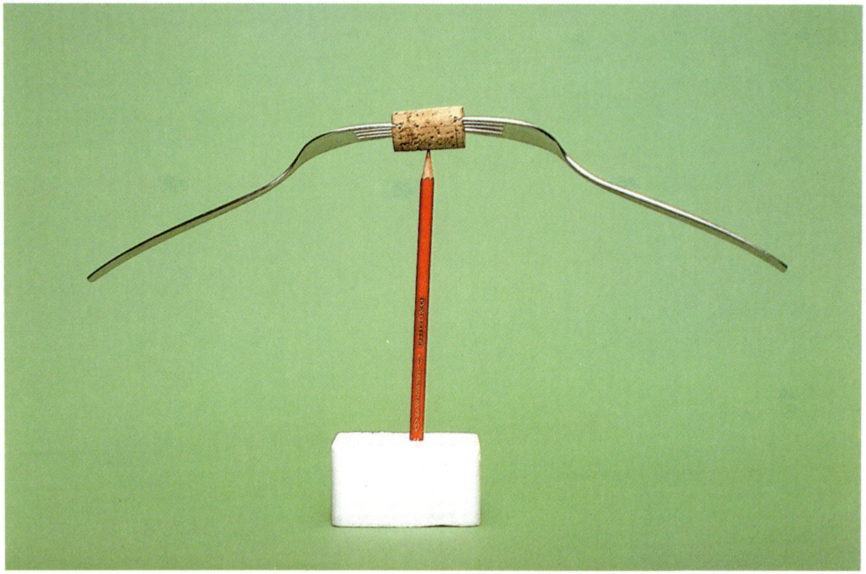

## Die Versteck-Maus

*Schaute aus dem Käse nicht gerade eine Maus heraus?*

*Jetzt ist sie verschwunden!*

*Da ist sie ja wieder!*

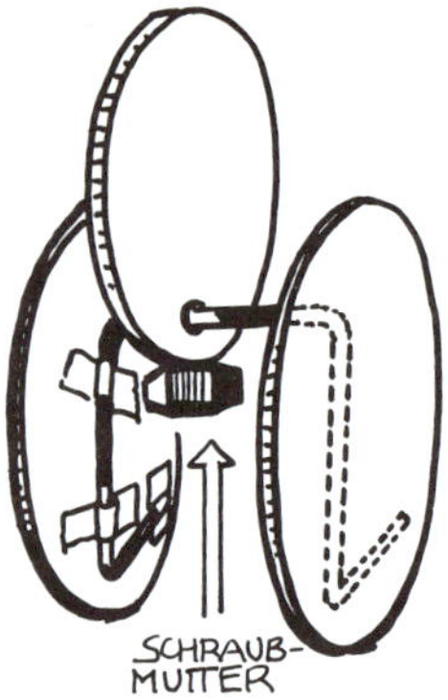


Statt der Maus im Käse könnt ihr auch einen Wurm im Apfel, einen Saurier, der aus einem Ei schlüpft, oder einen Clown in einer Trommel basteln. Ich möchte am liebsten einen ganzen Mäusezirkus haben, und deshalb kommt als nächstes meine Jongliermaus.

**Ein Loch ins Styropor**

... läßt sich einfach mit einem Nagel hineinschmelzen. Man erwärmt den Nagel vorher in einer Kerzenflamme. Dazu hält man ihn natürlich mit einer Zange fest.

Der Mauskörper wird aus fester Pappe oder Styropor ausgeschnitten. In den unteren Teil kommt ein Loch hinein (siehe rechte Spalte, im Rahmen).

Ein schweres Teil wird unterhalb des Loches befestigt, z.B. mit Klebeband. Nimmt man dazu eine Eisenmutter, kann man sie unmittelbar an den Körper „anschrauben", wenn man ihn unten spitz zulaufend ausgeschnitten hat.

Richtig beschwert ist die Maus, wenn sie auf dem durch das Loch gesteckten Draht balanciert und auch beim Anstoßen den Kopf immer hochhält. Nun biegt man den Draht in die Form, wie sie das Bild zeigt. Er wird mit Klebeband so an zwei runden Pappscheiben, z.B. Bierdeckeln, festgeklebt, daß das untere Ende der Maus – auch am tiefsten Punkt – nicht den Boden berührt.

# Die Jongliermaus

*Wie die Käsedose auch rollt, die Jongliermaus ist immer obenauf!*

Inzwischen wißt ihr sicher schon, wie sie das anstellt. Klar, auch hier ist etwas Schweres im Spiel, und das ist in der Dose versteckt.

Ihr könnt eine Creme-, Keks-, Tabak- oder Kaffeedose aus Blech oder Kunststoff zum Basteln nehmen. Wichtig ist, daß die Dose auch einen Deckel zum Verschließen hat. Zusätzlich braucht ihr noch ein etwa 30 cm langes Drahtstück, Styropor oder Pappe und ein schweres Teil, z. B. einen Stein.
Genau in die Mitte des Dosendeckels und -bodens kommt ein Loch (auf Seite 16 steht, wie ihr den Mittelpunkt findet).
Nun wird der Draht so zu einer Schlaufe gebogen, daß er das schwere Teil – ich habe einen Stein genommen – einklemmt. Damit es fest sitzt, kann man zusätzlich Klebeband darumwickeln. Das längere Drahtende wird durch den Deckel gesteckt und nach oben gebogen. Über das kürzere Ende schiebt man den Dosenboden und verschließt die Dose. Wenn man jetzt die Dose rollt, muß das eine Drahtende immer nach oben zeigen. Bei mir hat der Stein in der Dose zunächst geschliffen. Deshalb habe ich zwei Scheiben von einem Flaschenkorken abgeschnitten und über die Drahtenden geschoben. So hält der Stein immer Abstand von der Dose. Der Körper der Maus wird aus Styropor oder Pappe ausgeschnitten und auf das nach oben gebogene Drahtende gesteckt. Im Vergleich zum Stein darf der Körper nicht zu schwer sein, sonst kann die Maus nicht jonglieren.

Wenn ihr Mäuse nicht mögt, dann bastelt doch ein Schiff, das immer oben auf der Weltkugel segelt, oder einen Kopf, der sich unter einem Hut dreht. Wie wäre es sonst mit einem rollenden

**Ein Loch in eine Dose bohren**

Bei einer Blechdose legt ihr den Deckel bzw. den Boden mit der flachen Seite auf ein Holzstück. Mit einem Hammer und einem Nagel, der etwas dicker als der Draht ist, der später hindurchpassen soll, schlagt ihr ein Loch hinein.

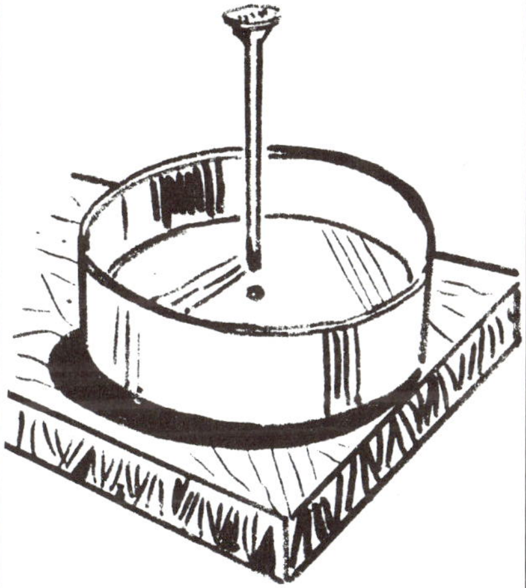

Ihr könnt das Loch auch mit einem Handbohrer hineinbohren. Die Lochränder lassen sich mit einer Rundfeile glätten. So dreht der Draht sich leichter darin und ihr könnt euch nicht daran schneiden.
Bei einer Kunststoffdose wird das Loch mit einem heißen Nagel hineingeschmolzen. Faßt ihn dazu mit einer Zange an und erwärmt ihn über einer Kerze.

# Die Bumerang-Büchse

Ihr spielt mit einer Keksdose auf dem Tisch, laßt sie hin- und herrollen. Da rollt sie über die Tischkante, und plums, ist sie heruntergefallen.

Mit der Bumerang-Büchse kann euch das nicht passieren! Sie kehrt immer wieder zu euch zurück.

Für diesen Trick braucht ihr eine leere Keksdose – nichts leichter als das, vermute ich. Außerdem ein Einmachgummi – etwa so lang, wie die Dose hoch ist –, ein schweres Teil, das in die Dose paßt, z.B. einen Stein, zwei Drahtstücke (aus biegsamem Draht) oder Streichhölzer, außerdem Klebeband.

Könnt ihr euch schon denken, wie der Trick funktioniert?

Also, an dem in der Dose ausgespannten Einmachgummi hängt das Gewicht. Wenn die Dose rollt, verdrillt sich dabei auch das Gummi. Es zieht das Gewicht hoch und spannt sich, bis die Dose zum Stehen kommt. Dann dreht es sich wieder ab – die Dose rollt zurück. Zum Befestigen des Gummis benötigt ihr zunächst ein Loch genau in der Mitte vom Deckel und auch vom Boden der Dose (Tips dazu auf S. 16 und S. 19). Nun klebt ihr den Stein an der Mitte des Gummis stramm mit Klebeband fest. Achtet dabei darauf, ihn so zu befestigen, daß er nachher in der Dose noch genügend Platz hat und nicht darin festklemmt.

# Purzelfrösche

Und nun kommt die kniffeligste Arbeit an eurer Bumerang-Dose: Durch ein Ende des Gummibandes schiebt ihr ein Stück Draht und verdrillt es einmal. Dann steckt ihr die beiden Drahtenden von innen durch das Loch des Keksdosenbodens und biegt sie außen auseinander, so daß die Drahtenden außen flach am Blech anliegen. Sie dürfen sich später nicht mitdrehen! Mit Klebeband habe ich sie deshalb überklebt. Genauso verfahrt ihr beim Dosendeckel. Das ist gar nicht so leicht, weil das Gummi die Teile zusammenzieht.

Das Einmachgummi soll auch ziemlich stramm zwischen Boden und Deckel ausgespannt sein. Falls es zu locker sitzt, kann es durch einige Knoten verkürzt werden. Mit Papier oder Folie könnt ihr die Dose noch bekleben. Etwas Lustiges oder Geheimnisvolles darauf gemalt, gibt ihr einen besonderen Pfiff.

Noch ein Tip:
Auf holprigen Böden oder Teppichen kommt die Dose nicht immer zurück. Am besten rollt sie auf glatten, ebenen Flächen.

*Diese Frösche purzeln lustig kopfüber alle schrägen Flächen, besonders, wenn sie nicht zu glatt sind (z. B. Polsterkissen), hinunter. Sie haben es wirklich in sich.*

In der Papprolle, aus der sie gebastelt sind, befindet sich nämlich eine dicke Murmel. Wenn man die Papprolle – eine Haushalts- oder Toilettenpapierrolle – an den Enden möglichst rund verschließt, rollt die Kugel im Innern immer an der Wand entlang, und der Frosch vollführt einen Überschlag nach dem anderen.

Schneidet die Papprolle an den Enden so ein, wie ihr es hier seht (1–4). Die oberen und unteren Teile klappt nach innen, schneidet von den überstehenden seitlichen Kanten ein Stück ab und verklebt sie mit Klebeband.

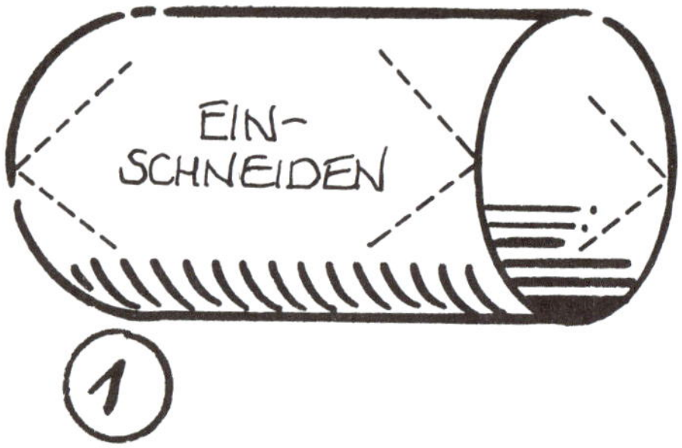


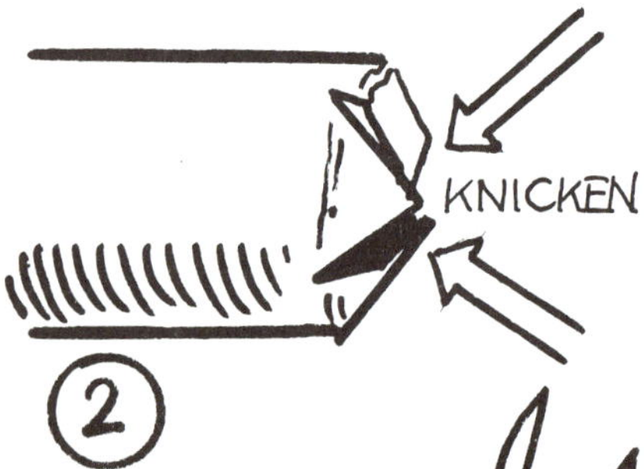

Vorder- und Hinterbeine der Purzelfrösche schneidet ihr aus Stoff, z. B. Filz, oder dünner Pappe aus. Als Augen kann man Pappmachékugeln, aber auch Styropor- oder Korkenstücke aufkleben.

Wenn man den fertigen Purzelfrosch in die Hand nimmt und etwas schief hält, hat man das Gefühl, der Frosch bewege sich von selbst. „Bah!“ und „Igitt!“ rufen manche Leute dabei. Das macht natürlich Spaß, und deshalb habe ich mir gleich darauf noch ein weiteres Tier ausgedacht.

# Das Ekeltier

Mal hält dieses Tier den Kopf hoch, mal das Hinterteil, und dabei wackelt und schüttelt es sich. In der Hand fühlt sich das besonders komisch an.

Eine längere Papprolle bildet den Körper. Sie wird in der Mitte so eingeschnitten:

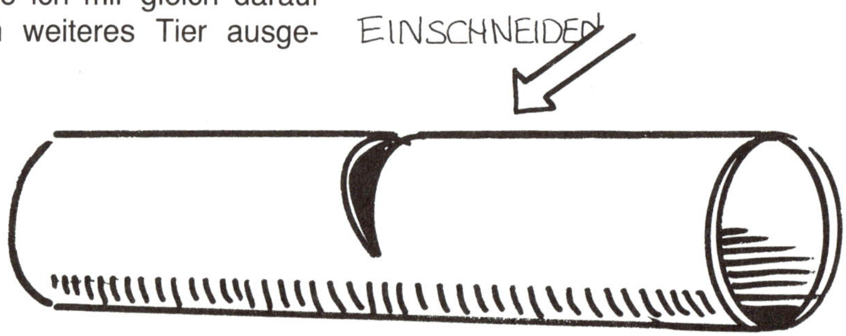

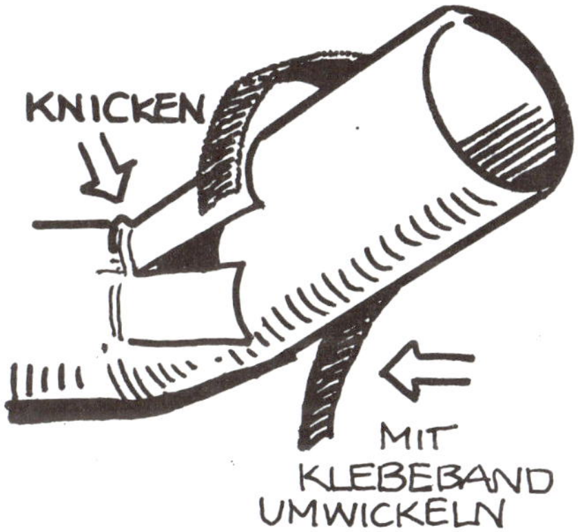


Den einen Rand schneidet man an drei Stellen auf und schiebt ihn beim Knicken der Rolle über den anderen Rand. So geknickt gehalten, wird diese Stelle mit Klebeband – Kreppband eignet sich dazu am besten – umwickelt. Dann kommt eine dicke Murmel hinein. An den Enden, wo beim fertigen Ekeltier Maul und Hinterteil sind, wird die Rolle (mit einem Hefter) zusammengeknipst oder mit Kreppband zugeklebt.

Jetzt fehlen nur noch ein paar „Verzierungen" aus Pappe, Federn und was euch sonst noch einfällt. Die Augen meines kleinen Ungeheuers sind Teile eines schräg durchgeschnittenen Korkens. Das Ganze wird mit Deckfarben angemalt. Nach dem Trocknen wünsche ich euch viel Spaß beim „Überreichen" des Ekeltiers!

## Steh-Schlangen

Diese Schlangen hier bewegen sich nicht, im Gegenteil, sie stehen ganz still. Aber wie sie dabei stehen!

Ihr hochaufgerichteter Körper stützt sich nur auf einem kleinen Schwanzstück ab. Dennoch fallen sie nicht um. Kein Wunder, es sind nämlich Schwer-Schwanz-Schlangen!

Bei der kleinen Schlange ist die untere Hälfte des Schwanzes mit

# Der Barrenturner

Sand gefüllt. Zunächst ist mir der dauernd herausgerieselt, so daß die Schlange mehr als Sandstreuer zu gebrauchen war. Dann kam ich auf die Idee, den Sand in eine Plastiktüte zu verpacken und sie mit Klebeband in der Schwanzrolle festzukleben.
Bei der großen Schlange bildet eine dicke Eisenschraube das Gewicht.
Wichtig ist bei beiden Schlangen, daß dieses Gewicht nur in der unteren Hälfte der Schwanz-Rolle angebracht ist. Es soll ja dem aufgerichteten Körper das Gleichgewicht halten. Der muß deshalb ziemlich leicht sein. Er besteht nur aus Papprollen von Haushaltsfolien und Toilettenpapier. An den Knickstellen werden die Rollen aufgeschnitten wie beim Ekeltier und mit Kreppband zugeklebt oder mit Heftklammern zusammengeknipst.
Pappmachékügelchen und alte Tischtennisbälle bilden die Augen, zurechtgeschnittene Pappstreifen die züngelnde Zunge. Zum Schluß wird alles mit Deckfarbe angestrichen. Wenn ihr ein Muster aufmalt, sieht eure Schlange vielleicht noch gefährlicher aus!

*Ich bin zwar nicht von Pappe, aber unheimlich sportlich!*

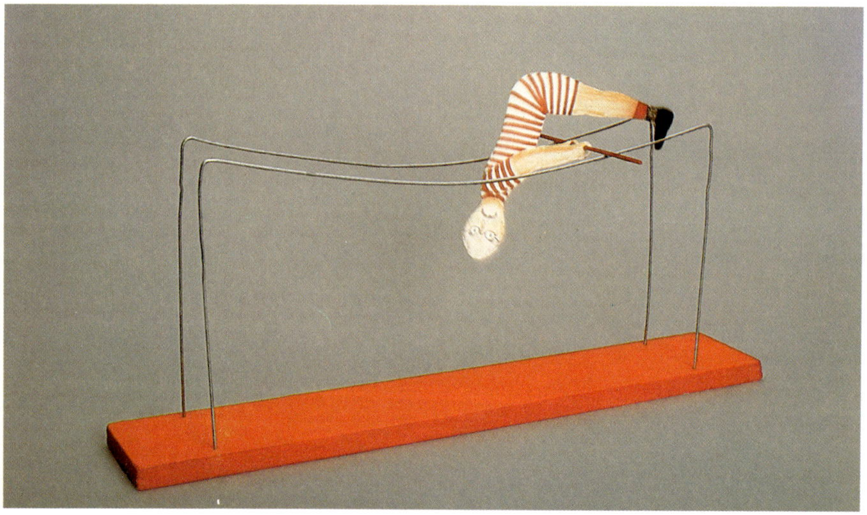

*Eine Rolle nach der anderen drehe ich an meinem Barren.*

Ich habe mich aus Pappe ausgeschnitten. Die Umrisse eines Turners könnt ihr von diesem Muster durchpausen und dann ein Foto von euch aufkleben.
Mit den Armen halte ich die Turnstange aus einem Schaschlikspieß oder aus einem festen Trinkhalm. Damit die Stange sich in meinen Händen nicht verdreht, habe ich sie festgeklebt. Die Arme mit der Stange habe ich dann am Körper mit Klebstoff befestigt. Zwei abgeschnittene und aufgebogene Drahtbügel und ein Holzbrett bilden den Barren. Um Schwung zu bekommen, muß ich zunächst hinabrollen. Deshalb biege ich die Drahtstücke in der Mitte etwas durch und stecke sie in das Brett. Die Löcher dafür schlage ich mit Hammer und Nagel vor.
Oh je, jetzt hänge ich noch mit dem Kopf nach unten in dem Barren. Macht nichts, meine Füße werden ja noch mit einem Stück Knete beschwert. Es muß gerade so viel sein, daß ich den Kopf hochhalte, wenn ich mich nicht drehe. Das ist doch angenehmer!

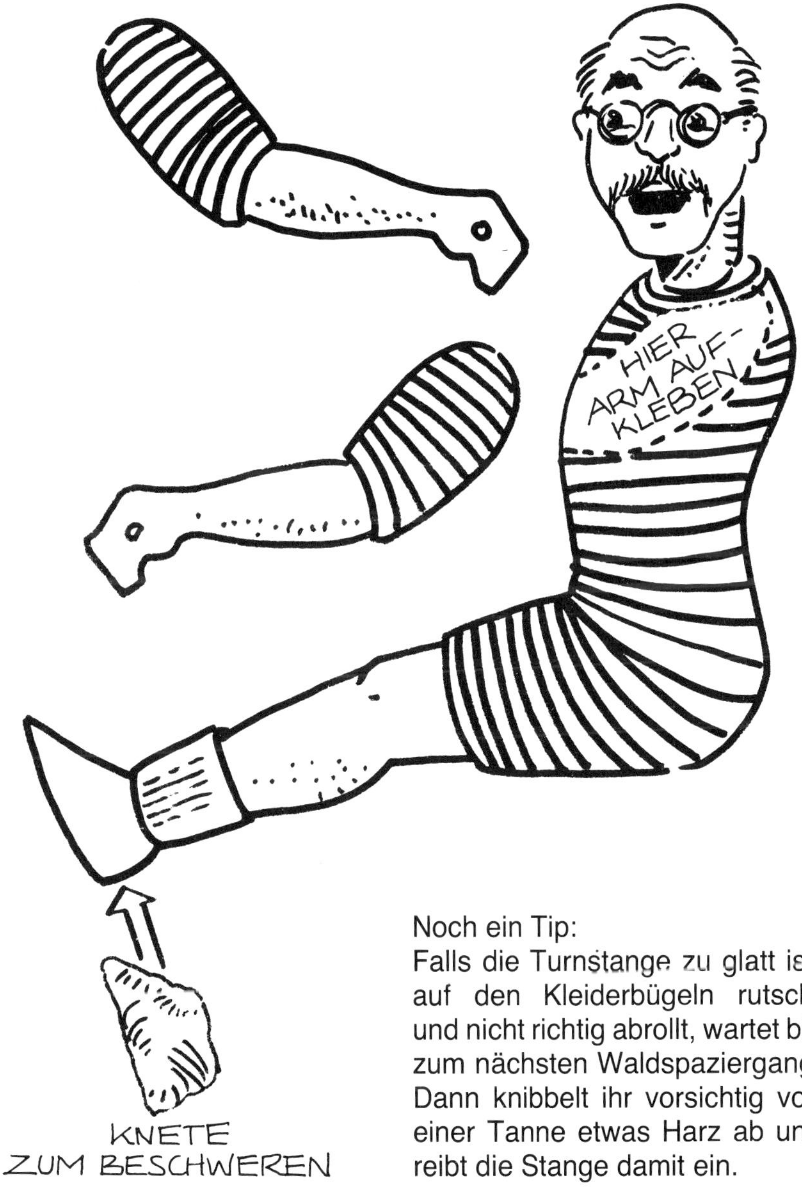


Noch ein Tip:
Falls die Turnstange zu glatt ist, auf den Kleiderbügeln rutscht und nicht richtig abrollt, wartet bis zum nächsten Waldspaziergang. Dann knibbelt ihr vorsichtig von einer Tanne etwas Harz ab und reibt die Stange damit ein.

# Stahldraht-Turner

Rund geht es auch, wenn ich als mutiger Stahldraht-Turner auftrete. Nicht nur, daß ich am schwankenden Draht gewagte Kreise beschreibe, nein, bei jedem Umlauf vollführe ich auch noch einen Überschlag.

Das wichtigste Teil dabei ist ein gerades Stück Stahldraht. Er sollte etwa ½ bis 1 mm dick sein. Er wird in Bastelläden als 1-Meter-Stück verkauft und kostet etwa so viel wie eine Vanilleeiskugel – hält aber länger.

Wie lang man den Draht läßt, hängt davon ab, wie schwer der Turner wird.
Hier ist „mein" Schnittmuster, nach dem ihr mich als Turner erst nachzeichnen und dann aus Pappe ausschneiden könnt.

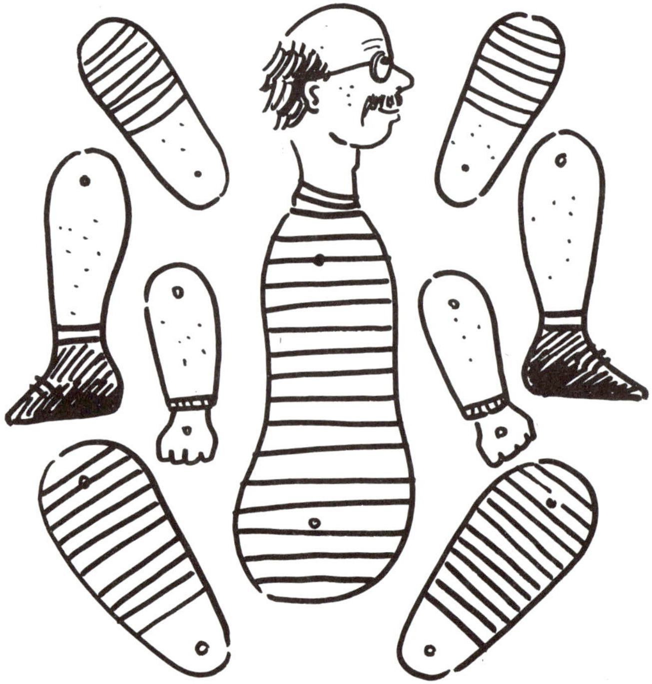

Durch die entsprechenden Löcher werden kleine Nägel oder Drahtstücke durchgesteckt. Die Löcher für die Nägel sollten nicht zu klein sein, damit Arme und Beine am Körper herumschlenkern können. Je ein Tropfen Klebstoff an den Nagelspitzen bzw. den Drahtenden verhindert das Wegrutschen.
Durch die Löcher in den Händen wird der Stahldraht gesteckt. Dort wird er festgeklebt, damit er sich nicht verdreht. Jetzt haltet ihr das andere Ende des Drahtes senkrecht nach oben. Biegt sich das Drahtende mit dem Turner zu weit nach unten, faßt ihr den Draht etwas höher an. Der Draht hat die richtige Länge, wenn das Ende mit dem Turner etwa waagerecht verläuft.

Der Draht wird entsprechend abgeschnitten und in ein Holzbrett gesteckt. Wenn das Holz ziemlich hart ist, bereitet ihr mit Hammer und Nagel ein möglichst senkrechtes Loch vor. Das Drahtende wird am besten mit einer Zange festgehalten, auf die mit einem Hammer geklopft wird. So wird der Draht in das Holz getrieben.

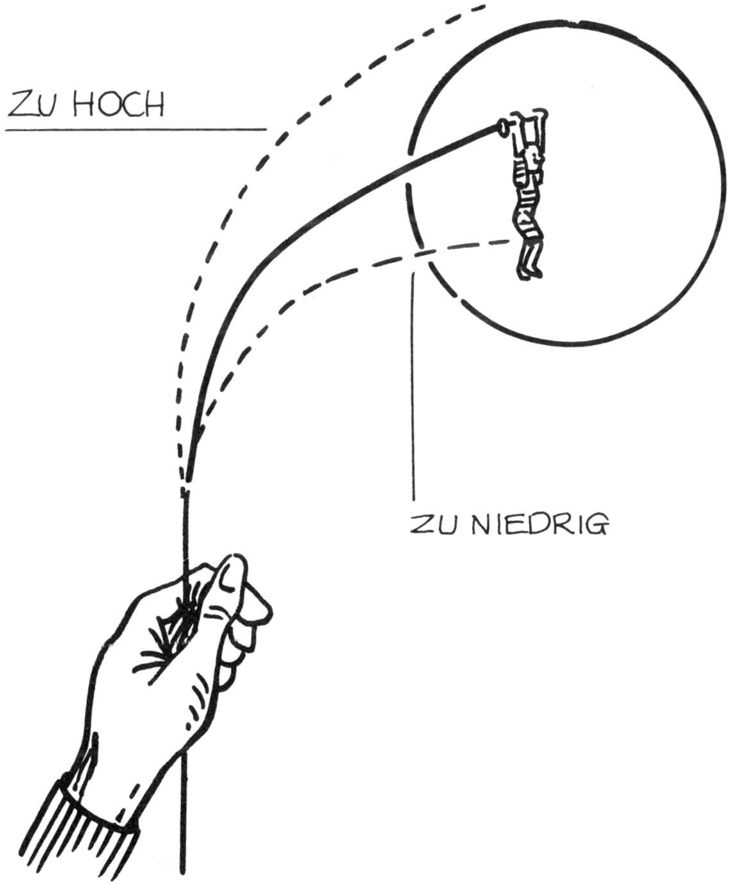


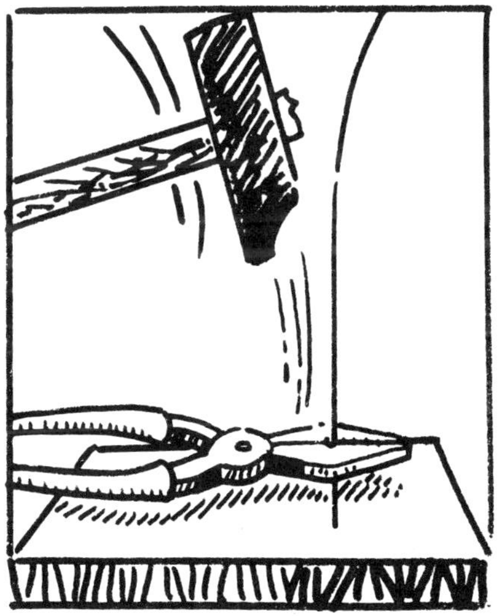

Biegt sich der Draht jetzt doch nicht genug durch, könnt ihr ihn mit Kugeln aus Knete beschweren.
Wichtig ist, daß der Draht sich im Holz nicht dreht, denn sonst vollführe ich keinen Überschlag.

# Der Flieger mit Stahldraht-Motor

Mit Stahldraht läßt sich auch ein völlig neuer Motor bauen. Schaut euch den Flieger hier an.

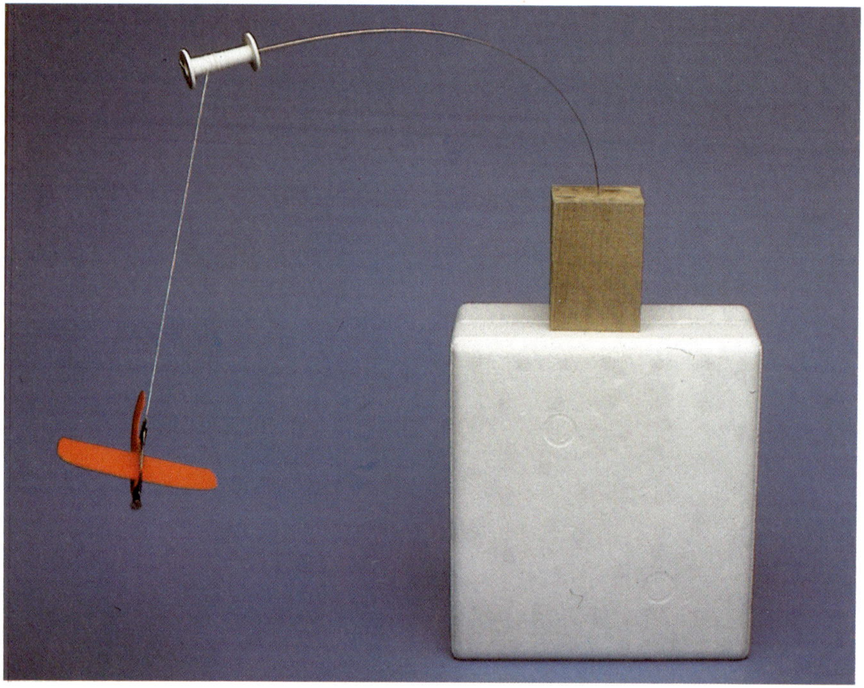

Er kurvt Runde um Runde, ohne daß er dazu angestoßen werden muß.
Bei genauem Hinschauen sieht man, daß sich bei jeder Runde der Faden etwas abwickelt. Um dieses Stück sinkt der Flieger tiefer. Er kreist daher so lange, bis er eine Bodenlandung macht oder der Faden von der Rolle abgewickelt ist.
Der Stahldraht, an dem er hängt, bewegt sich dadurch, daß das Gewicht des Fliegers den Faden nach unten zieht und ihn dabei abwickelt.
Wie beim Turner wird der gerade Stahldraht mit einer Zange fest in ein Holzstück geklemmt. Hier ist besonders wichtig, daß der Draht dabei möglichst senkrecht nach oben steht. Ist das nicht zu schaffen, klebt ihr unter die Kante des Holzes, zu der der Draht sich neigt, so viele Pappstücke, bis er genau nach oben zeigt. Auf das freie Drahtende wird ein Flaschenkorken oder eine leere Garnrolle geschoben. Wackelt die Garnrolle, wird der Draht mit einigen Lagen Klebeband umwickelt, bis die Rolle fest drauf sitzt.
Den Flieger schneidet ihr aus Pappe aus. Vergeßt dabei nicht das hintere Leitwerk. Durch den Fahrtwind fliegt das Flugzeug dann bei seinen Runden immer mit der Nase voran.
Biegt sich der Draht mit dem angehängten Flugzeug zu weit nach unten durch, solltet ihr die Rolle oder den Korken mehr nach innen schieben und den Draht kürzen. Steht der Draht dagegen zu steil nach oben, beschwert ihr einfach den Flieger, z. B. mit Knete.
Wenn ihr an den Faden eine Büroklammer bindet, könnt ihr das Flugzeug daran einklemmen und auch leicht auswechseln. Zum Beispiel gegen einen Drachenflieger oder einen Fallschirmspringer.

# Schwerkraft-Zauber

Alles fällt, rollt, rutscht oder gleitet doch von alleine nach unten, nur dieser Zauberkegel nicht, er rollt von selbst bergauf!

Wenn man dagegen einen geraden Stab auf die Leisten legt, rollt der bergab – wie erwartet. Aber der Kegel läuft genau in die andere Richtung. Das ist doch merkwürdig! Prüft doch einmal genau nach, ob die Kegelrolle wirklich bergauf gelaufen ist.
Das tut sie nämlich gar nicht! Weil die Leisten, auf denen sie liegt, auseinanderlaufen, rollt sie immer tiefer dazwischen. Es sieht also nur so aus, als ob sie bergauf läuft.

Das Gestell für diesen Schwerkraft-Zauber läßt sich aus Holz- und Leistenresten mit Holzleim zusammenbauen. Die Kegelrolle habe ich aus zwei Holzkegeln zusammengeklebt, wie sie in Bastelläden als Körper für Holzfiguren verkauft werden.
Nicht die Geduld verlieren, wenn der Kegel nicht gleich „bergauf“ rollt. Dann sind die Leisten zu steil, und ihr solltet eine dünnere Querleiste einbauen. Oder die Leisten laufen oben nicht weit genug auseinander. Dann werden sie dort ein Stück weiter außen festgeklebt.

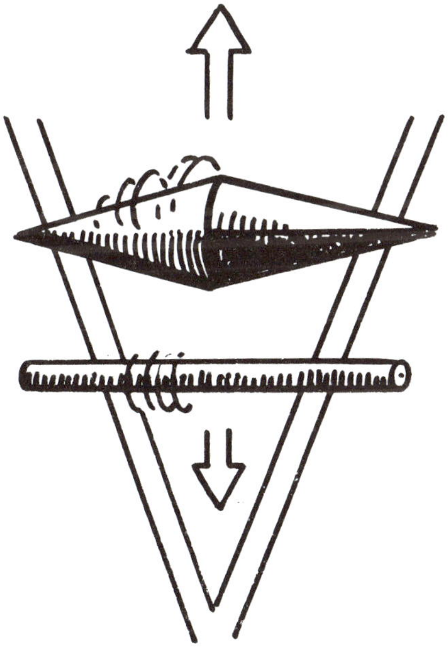

Wenn ihr vorher vorführt, wie ein Rundstab bergab läuft, wirkt der Schwerkraft-Zauber besonders verblüffend.

# Die Sonnen-Mühle

Nun etwas besonders Kniffeliges. Es ist nicht einfach zu basteln, und es funktioniert auch nicht immer gleich. Leicht zu erklären ist es auch nicht!
Aber die Teile, die dazu benötigt werden, gibt es in jedem Haushalt. Und das Ergebnis ist – wenn es klappt – so überraschend, daß ihr es doch versuchen solltet.

Ihr braucht für die Sonnen-Mühle: ein Stück stärkere Aluminiumfolie (z.B. Grillfolie), eine Nadel, einen Korken oder etwas Styropor, ein Trinkglas.
Aus der Aluminiumfolie wird ein etwa 6×6 cm großes Stück herausgeschnitten. Auf dieses Stück übertragt ihr mit einem weichen Filzschreiber das abgebildete Schnittmuster.
Geschnitten wird entlang der durchgezogenen Linien. Wenn die glänzende Folienseite oben liegt, werden die vier kleinen Flächen, die in der Zeichnung schraffiert sind, entlang der unterbrochenen Linien vorsichtig nach unten gebogen.

vorher: Mitte festlegen

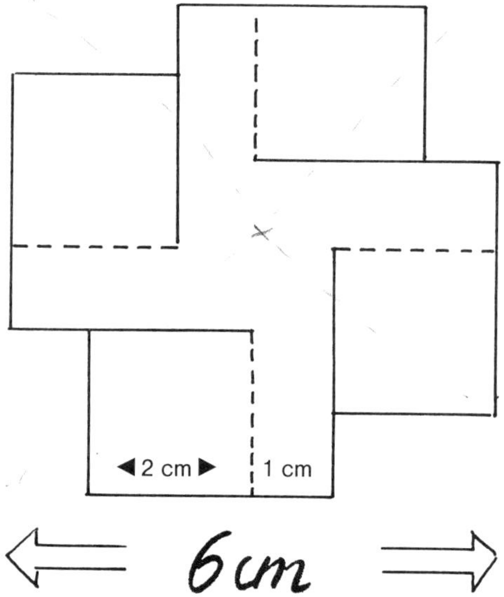


Jetzt kommt das Schwierigste: Die matten Seiten der herunterhängenden Flächen müssen geschwärzt werden.

Dazu faßt ihr das wackelige Gebilde am besten mit einer spitzen Zange oder einer Pinzette an. Dann haltet ihr es so über eine brennende Kerze, daß eine der Flächen waagerecht über der Flamme liegt.

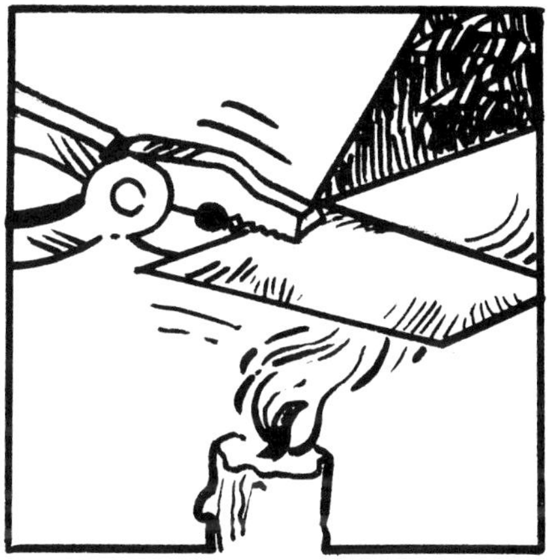

Dabei ist es besonders wichtig, mit der Fläche hin und her zu wedeln, denn die Aluminiumfolie schmilzt zusammen, wenn sie zu heiß wird. Wenn das geschieht, müßt ihr noch einmal ganz von vorne beginnen. Vielleicht übt ihr deshalb das Berußen über der Flamme an einem Probestück.

Wenn alle vier Flächen mattschwarz mit Ruß bedeckt sind, setzt ihr das Gebilde auf die Spitze einer Näh- oder Stecknadel, die in einem Styropor- oder Korkenstück steckt. Auch dies sollte

mit einer Zange und nicht mit den Händen geschehen, weil der Ruß sonst an den Fingern hängenbleibt. Liegt das Flügelrad genau in der Mitte auf, balanciert es wegen der nach unten hängenden Flächen. Schon beim leisesten Luftzug bewegt es sich. Deshalb wird ein dünnwandiges Trinkglas oder ein durchsichtiger Plastikbecher darübergestülpt.

Fällt jetzt Sonnenlicht auf die Sonnen-Mühle, beginnt sie sich langsam zu drehen – immer weiter, bis die Sonne hinter einer Wolke verschwunden ist.

Warum? Dunkle, matte Flächen erwärmen sich im Sonnenlicht viel stärker als helle, glänzende. Das könnt ihr hier ausprobieren: Haltet diese Buchseite mit der schwarzen und der weißen Fläche in die Sonne. Nach kurzer Zeit fühlt sich die schwarze Fläche viel wärmer an als die weiße. Bei der Sonnen-Mühle wird so die Luft an der schwarzen Seite jedes Flügels mehr erwärmt als an der glänzenden Seite. Warme Luft dehnt sich aus und drückt die schwarze Seite weg. Die Kräfte dabei sind allerdings sehr schwach.

Dreht sich die gebastelte Sonnen-Mühle nicht, ist sicher die Reibung zwischen der Folie und der Nadelspitze zu groß. Die Nadel ist entweder nicht spitz genug oder sie hat Zacken, die man mit bloßem Auge gar nicht erkennt. Dann probiert ihr eine neue Nadel aus.

Wenn die Sonne auf sich warten läßt, hier noch ein Tip: Die Sonnen-Mühle dreht sich auch im hellen Licht einer Glühlampe.

# Magnete

Für den selbstgebauten Kompaß brauche ich allerdings einen Magneten. Wenn es ein stärkerer ist, kann man weitere Magnete damit selber herstellen. Denn Magnetismus ist „ansteckend" – jedenfalls für ganz bestimmte Materialien. Eisen ist das bekannteste. Metalle wie Kupfer, Messing, Aluminium, Gold oder Silber lassen sich nicht „anstekken", sie werden von einem Magneten nicht angezogen.
Ihr könnt selber ausprobieren, mit welchen Gegenständen es geht. Wenn dann doch kupferne Büroklammern und Pfennigstükke oder ein messingfarbener Groschen am Magneten haften bleiben, liegt es daran, daß sie einen Kern aus Eisen haben und nur außen von einem anderen Metall überzogen sind.

*„Mit einem selbstgebauten Kompaß weiß ich immer, wo's langgeht!"*

# Magnetisieren

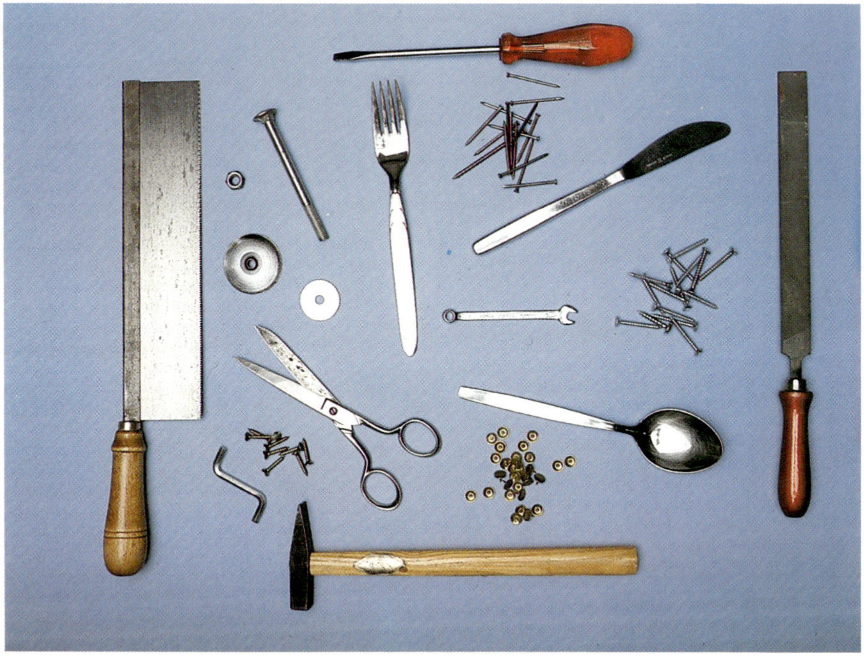

*„Magnetisch oder nicht?“*

Der Nagel bleibt für längere Zeit magnetisiert, wenn ihr ihn so mit einem Magneten bestreicht, wie es das Bild zeigt. Wichtig ist dabei, daß ihr dazu dasselbe Ende des Magneten immer in der gleichen Richtung über den Nagel führt. Das macht ihr etwa zehnmal.
Hat euer Magnet die Form eines Stabes, könnt ihr den Nagel noch stärker magnetisieren. Dazu bestreicht ihr ihn in einer Richtung mit dem einen Ende eures Magneten. Anschließend wird er in der entgegengesetzten Richtung mit dem anderen Magnetende bestrichen.

Wenn ihr mit einem Eisennagel z.B. eine Büroklammer berührt, bleibt diese daran nicht haften. Haltet ihr aber an den Eisennagel einen Magneten, bleibt die Büroklammer am Nagel hängen.
Manchmal tut sie es selbst dann noch, wenn man den Magneten entfernt. Der Eisennagel wurde durch den Magneten selbst magnetisiert.

Der Nagel selbst zieht jetzt auch andere Gegenstände aus Eisen an, er ist magnetisch geworden. Genaugenommen war er das vorher schon. Wenn man nämlich in das Eisen hineinschauen könnte, würde man entdecken, daß es aus vielen winzigen Magneten besteht. Die liegen aber alle durcheinander, deshalb erscheint das Eisen nach außen hin unmagnetisch.

Das ist wie bei einem Spiel, bei dem Kinder ihre Kräfte messen und sich gegenseitig ziehen oder wegdrücken. Nur innerhalb dieser Gruppe ist viel los. Bringt man aber einen Magneten in die Nähe des Eisens oder – noch besser – streicht damit über das Eisen, dann stellen sich die kleinen Magnete „ordentlich" auf und zeigen fast alle in die gleiche Richtung. Damit wirkt auch ihre Kraft in die gleiche Richtung und ist – von außen betrachtet – viel stärker geworden.

Das kann man sich am Beispiel der Kinder gut vorstellen, wenn sie Tauziehen spielen. Alle Kinder einer Gruppe ziehen das Seil kräftig in die gleiche Richtung: Zusammen sind sie viel stärker.

# Magnetkraft wird sichtbar

Sehen kann man die Magnetkraft nicht, aber mit einem Trick können wir uns ein Bild von ihr machen.

Dazu brauchen wir Eisenfeilspäne. Am besten fragt man in einer Schlosserei danach, denn dort fallen sie beim Sägen und Feilen ab. Man kann sie aber auch selbst herstellen. Dazu feilt man mit einer groben Feile an einer alten Schraube oder einem anderen Eisenteil herum und fängt die Späne auf einer darunterliegenden Zeitung auf.

Jetzt legt man auf einen Magneten ein Stück Papier oder dünne Pappe und streut die Eisenfeilspäne aus einer Höhe von etwa 20 cm darauf. Die Späne richten sich durch die Magnetkraft aus. Bald wird ein Muster sichtbar, das die Kraftlinien zeigt. Durch vorsichtiges Klopfen am Papier wird es meist noch deutlicher. Probiert es doch mal mit verschiedenen Magneten aus!

Mit Wachs und einem Bügeleisen könnt ihr das Muster auch „haltbar" machen. Dazu bestreicht ihr die heiße Bügeleisenfläche mit einer Kerze. Das Wachs schmilzt sofort und läßt sich auf Papier oder Pappe aufbügeln. Die Wachsschicht braucht nur dünn zu sein. Nachdem sie erkaltet und fest geworden ist, bildet ihr, wie oben beschrieben, die Kraftlinien eines Magneten auf dem „Wachspapier" mit Eisenfeilspänen ab. Jetzt dreht ihr das heiße Bügeleisen um und legt das Papier mit den Spänen auf die heiße Bügeleisenfläche. Dabei schmilzt das Wachs wieder und schließt die Späne ein. Nach dem Erkalten sitzen die Späne auf dem Papier fest und können nicht mehr abfallen.

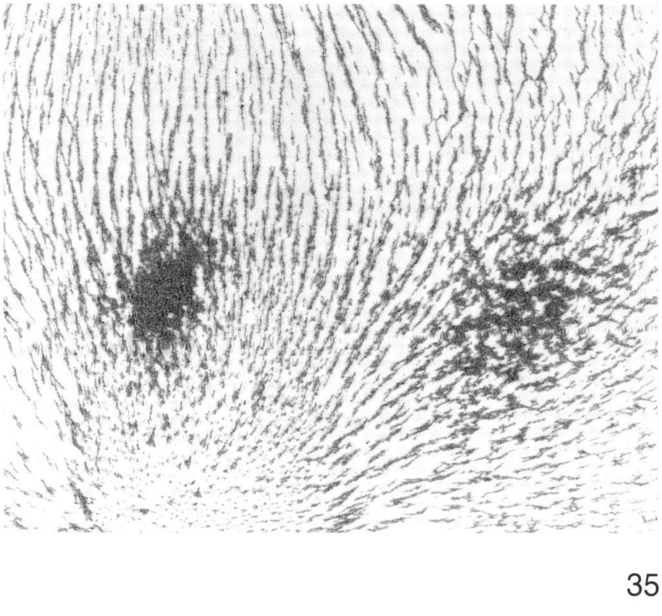

# Der Nadelkompaß

Achtung, kein Dampfbügeleisen verwenden! Zurückbleibende Wachsreste gehen leicht vom Bügeleisen ab, wenn man damit über ein Blatt Haushalts- oder Löschpapier bügelt.

Auffällig ist, daß sich die Eisenspäne über zwei Stellen des Magneten besonders sammeln. Dort ist die Magnetkraft am größten, Pole nennt man diese Stellen. Das Merkwürdige ist nun, daß ein Pol eines Magneten nur den einen Pol eines weiteren Magneten anzieht, dessen anderen aber abstößt.

Das ist der Grund, warum ein Kompaß funktioniert. Denn auch die Erde ist ein Magnet. Am Nord- und Südpol ist ihre Magnetkraft am stärksten. Diese Kraft wirkt auch auf eure Magnete. Ihr einer Pol wird vom Nordpol der Erde, der andere vom Südpol angezogen. Weil diese Kraft ziemlich schwach ist, drehen sich eure Magnete aber nicht gleich in diese Richtung. Man muß also für sie eine Vorrichtung bauen, mit der sie sich leicht drehen. Dann hat man einen Kompaß.

Der Kompaß besteht aus:
einem schmalen dünnen Blechstreifen,
einer Nadel und
einem Korkenstück.

Der Blechstreifen läßt sich mit einer kräftigen Schere aus dem Deckel einer Konservendose schneiden. Aber Vorsicht mit den scharfen Blechrändern! Laßt euch beim Schneiden von jemandem helfen, der damit Erfahrung hat. Ich empfehle auch, den ausgeschnittenen Blechrand mit Klebeband zu „entschärfen“. Statt eines Stücks aus einer Konservenbüchse könnt ihr auch die Metallstreifen eines Aktenhefters nehmen.

Der Blechstreifen bekommt in der Mitte eine kleine Delle. Dazu legt ihr ihn auf ein weiches Holzstück und treibt mit einem Ham-

mer und einem nicht zu spitzen Nagel eine Vertiefung hinein.
Achtung, nicht zu fest schlagen, es darf dabei kein Loch entstehen!
Durch Bestreichen mit einem Magneten wird der Blechstreifen magnetisiert.
Die Nadel steckt ihr durch eine Scheibe, die ihr von einem Flaschenkorken abgeschnitten habt. Genau mit der Vertiefung wird der Blechstreifen auf die Nadelspitze gesetzt. Balanciert er nicht darauf, biegt ihr die Enden etwas nach unten – genau wie bei den Basteleien mit der Schwerkraft (ihr könnt auf S. 11 nachsehen).

Der Blechstreifen stellt sich jetzt in eine bestimmte Richtung ein. Die behält er auch bei, wenn ihr den Korken verdreht. So soll ein Kompaß ja auch funktionieren.
Ihr müßt jetzt nur noch herausfinden, welches Ende nach Norden und welches nach Süden zeigt, und es auf den Kompaß schreiben. Vielleicht wißt ihr ja, wo Norden und Süden liegen. Oder ihr nehmt die Sonne zu Hilfe, sie steht gegen Mittag im Süden.
Achtung, jeder Kompaß zeigt nur dann die richtige Himmelsrichtung, wenn kein (anderer) Magnet in der Nähe ist.

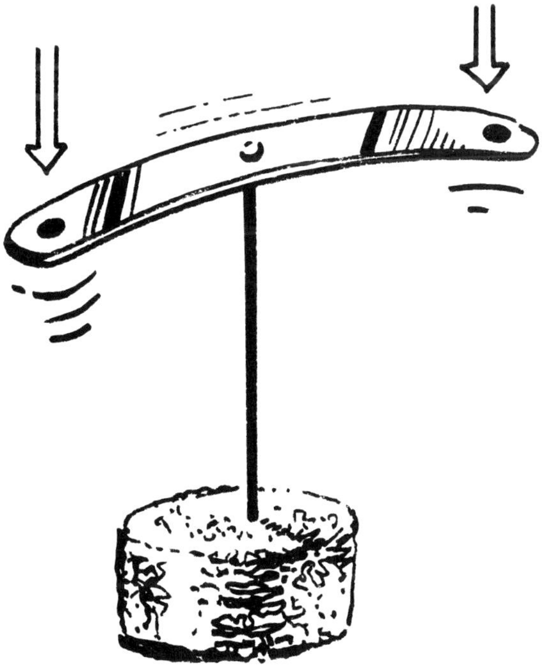

# Der Schwimmkompaß

Da der Nadelkompaß sich nicht gut dazu eignet, ihn mit nach draußen zu nehmen, baue ich noch einen anderen Kompaß – einen, den man auch in die Tasche stecken kann.

Bastelmaterial:
ein flaches, nicht zu großes Glas mit verschraubbarem Deckel (z. B. ein Rollmopsglas),
ein Eisennagel,
ein kürzerer Nagel mit breitem Kopf (Pappnagel),
ein Stück Styropor,
Klebeband und Klebstoff.

Aus Styropor schneidet ihr eine runde Scheibe, die in das Glas hineinpaßt. In ihre Unterseite schmelzt ihr genau in der Mitte eine Vertiefung mit einem heißen Nagel hinein (vergleicht dazu S. 18).

Oben auf der Scheibe befestigt ihr mit Klebstoff oder Klebeband einen Eisennagel, den ihr vorher magnetisiert habt. Damit er später nicht rostet, bestreicht ihn mit Lack (Nagellack trocknet besonders schnell!).

Wenn ihr die Scheibe jetzt auf dem Wasser schwimmen laßt, richtet sich der Nagel nach Nord- und Südpol aus. Die Himmelsrichtung malt ihr auf die Scheibe mit einem wasserunlöslichen Stift.

In der Mitte des Deckels klebt ihr innen einen Nagel senkrecht auf. Er sollte etwa so lang sein, daß er später bei festgeschraubtem Deckel bis über die Mitte hinaus in das Glas hineinreicht. Der Nagel hält um so fester, je breiter sein Kopf und damit auch die Klebestelle ist. (Man kann ihn auch durch ein Stück Korken stecken und dieses dann festkleben.)

Hat der Deckel innen eine Kunststoffschicht, kratzt man diese an der Klebestelle mit einer Feile oder einem Messer ab. Sonst hält der Klebstoff nicht so gut.

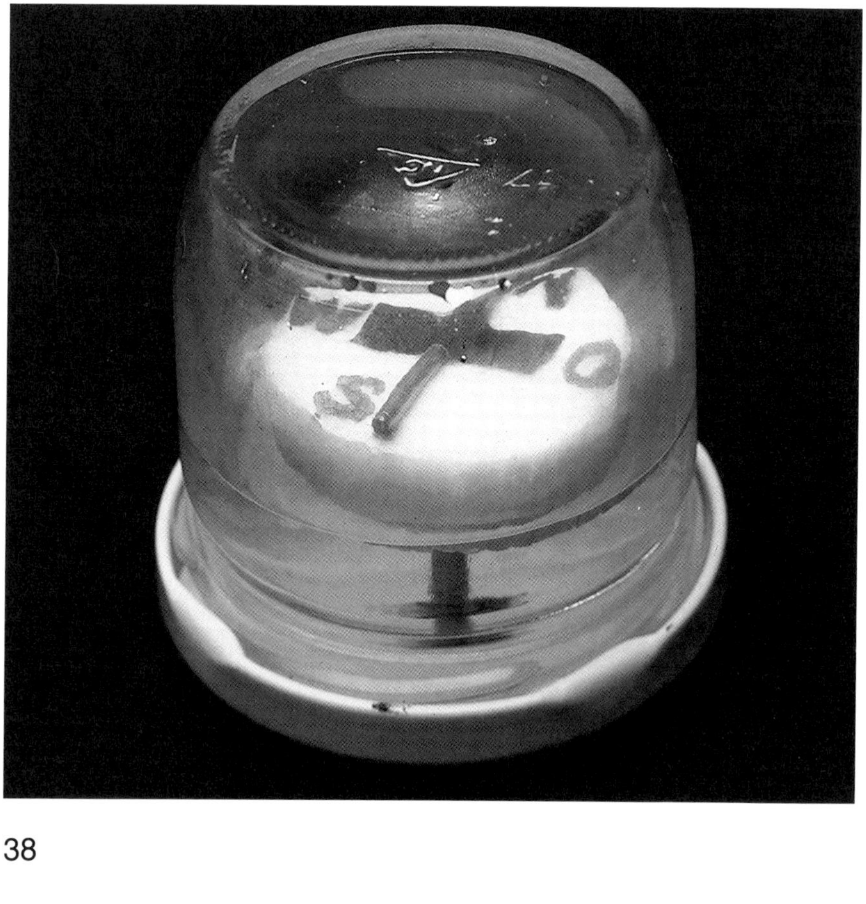

Jetzt füllt ihr das Glas bis über

# Die netten Enten

die Mitte mit Wasser und legt die Styroporscheibe – mit dem Nagel nach unten – darauf. Ihr schraubt den Deckel zu. Der Nagel drückt

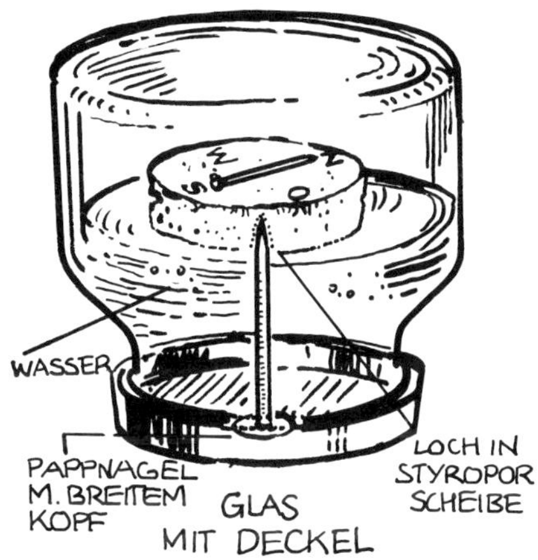

dabei die Scheibe in das Wasser. Dreht ihr jetzt das Glas herum, schwimmt die Scheibe über der Nagelspitze. Ihr öffnet den Dekkel ein wenig und laßt so viel Wasser heraustropfen, bis die Nadelspitze in die Vertiefung der Scheibe reicht. Die Kompaßscheibe schwimmt jetzt frei und wird vom Nagel in der Mitte des Glases gehalten. So, jetzt den Deckel ganz fest zuschrauben und dann nach draußen!

Von einem Korken werden Scheiben abgeschnitten, in die magnetisierte Stecknadeln oder kleine Nägel quer hineingesteckt werden. Aus Pappe schneidet man Enten, Fische, Krokodile oder andere Tiere aus und klemmt sie in die Korkenscheiben, die man vorher mit einem Messer eingeschlitzt hat.
Nun werden sie vorsichtig auf das Wasser gesetzt. Je nachdem, wie die Stecknadeln magnetisiert sind, stecken die Tiere nach einiger Zeit die Köpfe zusammen oder sie zeigen sich das Hinterteil.
Kommt man mit einem Magneten in die Nähe, richten sie sich darauf aus. Wenn man jetzt den Magneten dreht, drehen sich alle Tiere in die entgegengesetzte Richtung – als ob sie tanzen.
Wie das funktioniert? Das hängt mit den unterschiedlichen Polen zusammen. Schaut doch noch mal auf S. 34 nach.

# Das Maus-Labyrinth

Wer schafft es, die Maus aus diesem tückischen Labyrinth herauszuführen?
Den ungefährlichsten Weg zu finden, ist nur ein Problem. Schwierig ist vor allem, die Maus dabei nicht zu verlieren. Denn geführt wird sie unter dem Boden des Labyrinths durch einen Stab mit einem Magneten am Ende.

Ihr braucht dazu einen möglichst kleinen, aber nicht zu schwachen Magneten. Mit einem Türschloßmagneten, wie man ihn in Haushaltsgeschäften bekommt, geht es ganz gut. Wenn man die Plastikumhüllung entfernt, hat er in etwa auch die richtige Größe. Die Maus formt man aus Knete und setzt sie auf einen Heftzweck oder auf das Blechstück, das zu einem solchen Magneten gehört. Am besten eignen sich aber die „Magnettiere“, die man in Spielzeugläden kaufen kann. Der Magnet dabei ist klein, ziemlich stark und nicht teuer. (Außerdem kann so ein Tier auch noch für den Bastelvorschlag auf Seite 42 verwendet werden!)

Dann braucht ihr für das Labyrinth noch:
eine flache Holzleiste,
einen flachen, festen Karton (z. B. Pizzaverpackung),
Pappreste,
Klebstoff und Klebeband.
Der Magnet wird an der Holzleiste festgeklebt. Mit Klebeband geht das am einfachsten. Er läßt sich dann auch leicht wieder lösen, wenn ihr etwas anderes damit ausprobieren wollt. Der Holzstab mit dem Magneten muß in den an einer Seite offenen Karton passen. Jetzt werden die Wände des Labyrinths aufgeklebt. Dazu eignet sich Wellpappe besonders gut. Sie läßt sich in

Ihr könnt das Mäuse-Labyrinth auch in einer stabileren Luxus-Ausführung aus Holz bauen. Dazu baut ihr statt des Pappkartons aus zwei dünnen Holzplatten, die über Holzleisten am Rand miteinander verklebt sind, einen Kasten. Reste von Holzleisten bilden auch die Wände und Hindernisse des Labyrinths. Das Ganze ist natürlich sehr haltbar und, von euch selbstgebaut, sicher auch ein ganz besonders schönes Geschenk für eine Freundin oder einen Freund.

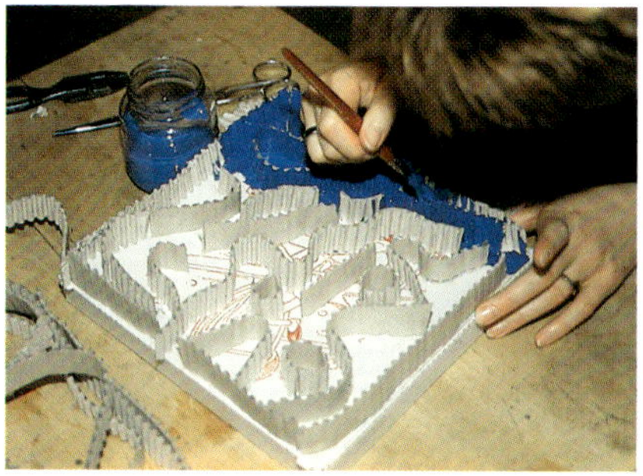

Richtung der Rillen leicht biegen und ist an den Kanten so breit, daß sie damit aufgeklebt werden kann.
Dünne Pappe ist nicht so geeignet, da man sie zum Festkleben unten knicken muß. An solchen Kanten kann die Maus sehr leicht hängenbleiben. Überhaupt müßt ihr in eurem Labyrinth auf ausreichend breite Gänge achten, damit die Maus nicht feststecken kann.

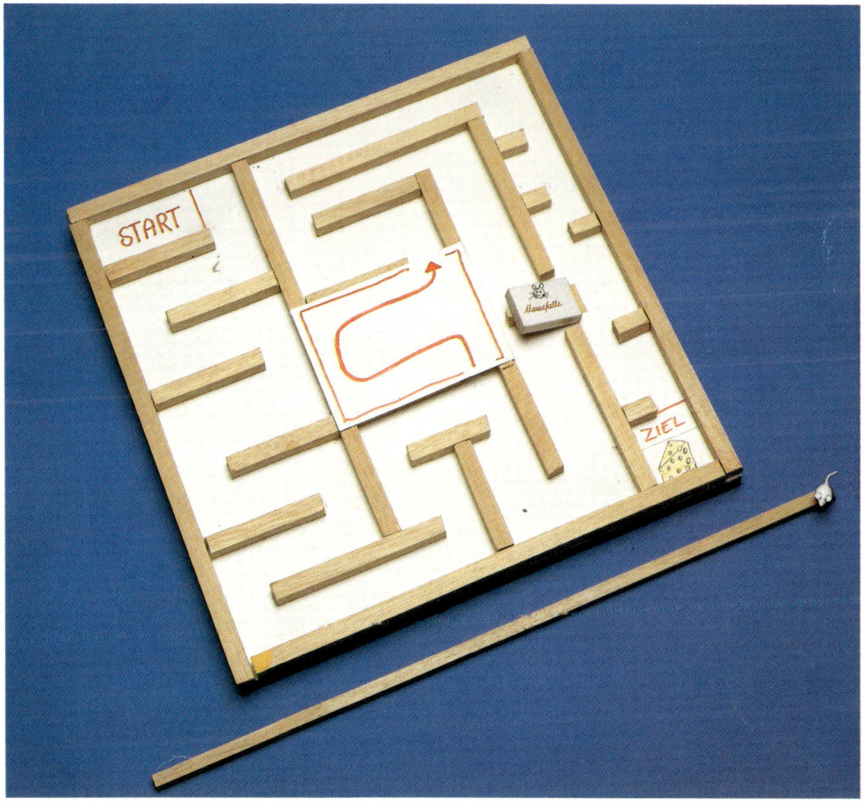

# Der Kletter-Käfer

Dieser Käfer will hoch hinaus. Ganz gleich, wie man das Rohr hält, ob mit der rechten oder linken Seite nach oben, er klettert immer hinauf. Na, habt ihr ihn schon durchschaut?
Er ist eines der Magnettiere, die man im Spielzeugladen kaufen kann – und so ist sicher auch wieder ein Magnet im Spiel. Richtig, der ist im Rohr!
Aber wieso zieht es den Käfer nach oben?
Der Magnet klebt an einem Styroporstück, und sonst ist im Rohr nur noch Wasser. Neigt man das Rohr, schwimmt das Styropor mit dem Magneten nach oben. Und der Magnet wiederum zieht den Käfer hoch, der dann außen am Rohr krabbelt.

Das Kunststoffrohr hat einen Durchmesser von etwa 5 cm. Man kauft es in einem Baumarkt, man kann es aber auch von Bauhandwerkern als Abfallstück bekommen. Oder man fragt einen Installateur danach.
Aus Styropor schneidet man ein längliches Stück mit möglichst rundem Querschnitt aus. Oben in die Mitte wird mit einem heißen Nagel ein Loch eingeschmolzen, in das der Zugmagnet für den Käfer hineinpaßt. Unten wird das Styroporstück mit einer Schraube oder einem Stein beschwert. Sie werden, wie der Magnet auch, durch einen Klebebandstreifen gehalten. Schraube oder Stein sollten so schwer sein, daß das Styroporstück immer mit dem Magneten nach oben schwimmt, auch dann, wenn man es herumgedreht und losgelassen hat. Das solltet ihr vor dem Zusammenbau ausprobieren.

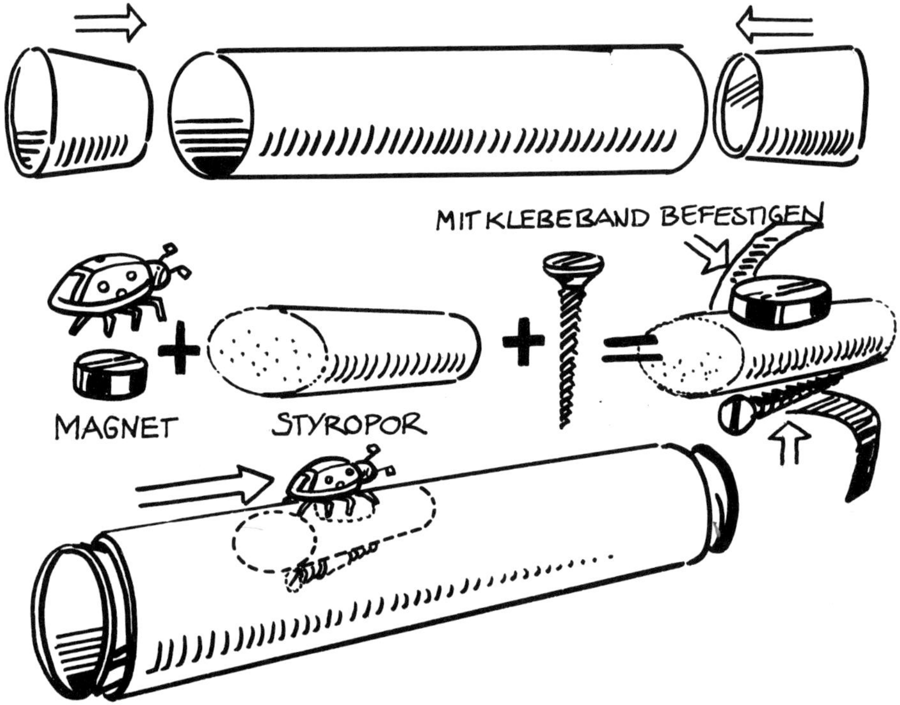

# Peters Entscheidungsmaschine

Das Rohr wird mit Wasser gefüllt und verschlossen. Große Korken, Joghurtbecher, Verschlußkappen von Plastikflaschen und -dosen oder ähnliches kann man dazu verwenden. Die Verschlüsse müssen sich fest in das Rohr hineindrücken lassen, sie sollen ja wasserdicht sein. Sind sie etwas zu klein, werden sie mit Klebeband umwickelt.
Dann müßt ihr nur noch mit dem Käfer den Magneten im Rohr suchen. Wenn ihr das Rohr schief haltet, findet ihr ihn etwas unterhalb des oberen Randes. Die Krabbelei kann losgehen.

Seid ihr und der Käfer genügend trainiert, könnt ihr ja Tore und Hindernisse auf das Rohr kleben. Da muß man es beim Krabbeln nicht nur schief halten, sondern auch noch drehen!

Wer schafft den schnellsten Aufstieg, ohne daß der Käfer herunterfällt?

Soll ich ... oder soll ich nicht ...? Es gibt einfach Tage, an denen man nicht so recht weiß, was man anfangen soll. Geh' ich nach draußen oder mache ich erst Hausaufgaben? Die Entscheidung fällt schwer, man hängt herum und tut schließlich gar nichts. Aber mir passiert das nicht mehr! Für solche Fälle habe ich meine Entscheidungsmaschine.
Um wieviel Uhr gehe ich heute spielen? Ich setze die entsprechende Scheibe mit Zahlen für die Uhrzeiten auf, gebe Schwung und – surrr ..., die Entscheidung ist gefallen.

Das Gestell habe ich aus Holzresten mit einer senkrechten Leiste gebaut. Das Kernstück, die Scheibe, ist ein Bierdeckel, in dessen Rand ich Heftzwecken eingedrückt habe. Vorher habe ich ihre Spitzen noch mit Klebstoff bestrichen, damit sie fest haften. Denn unter der Scheibe sitzt ein Magnet, der sie anzieht. Er bewirkt, daß die Entscheidung „klar und deutlich" ausfällt. Ach ja, die Scheibe braucht in der Mitte ein Loch. (Wie man die Mitte findet, steht auf Seite 16.) Das Loch steche ich mit einem Nagel hinein. Damit die Pappe dort

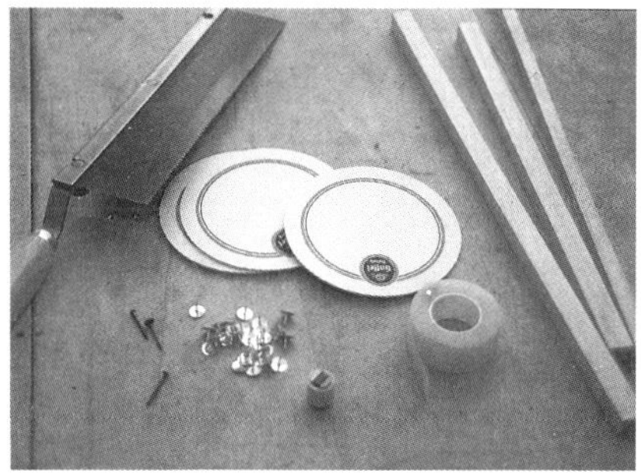

nicht ausreißt, schiebe ich ein Stück eines Trinkhalmes hindurch und klebe es fest. Fertig! Und was mache ich jetzt? Klar, ein Fall für die Entscheidungsmaschine! Also Schwung gegeben – und los!

# Spiegelfechtereien

*Eigentlich bin ich ja kein Fußballfan. Aber wenn mein Freund Oskar schon mal als Mittelstürmer spielt, dann will ich auch dabeisein. Leider wird nicht viel daraus. Ausverkauft. Das Stadion ist bis auf den letzten Platz besetzt. Wenn ich das Spiel also sehen will, dann muß ich mir schon etwas einfallen lassen . . .*
*Ich habe nachgedacht, ein paar Skizzen gemacht, im Keller nachgeschaut – und genau das Richtige gefunden. Kacheln, und zwar ganz besondere: Spiegelkacheln aus Glas. Die hatte ich aufbewahrt, weil sie viel zu schade sind, um sie wegzuwerfen. Mit Spiegeln kann man nämlich eine Menge anstellen, z. B. ausverkaufte Fußballspiele ansehen.*
*Ach, dahinten läuft ja auch Oskar. Und jetzt schießt er sogar ein Tor!*
*Ganz einfach, mein Über-den-Zaun-Sehrohr. So etwas nennt man fachmännisch Periskop.*

# Periskope

Die Zeichnungen auf dieser Seite zeigen, wie ihr euch ein einfaches Periskop bauen könnt.

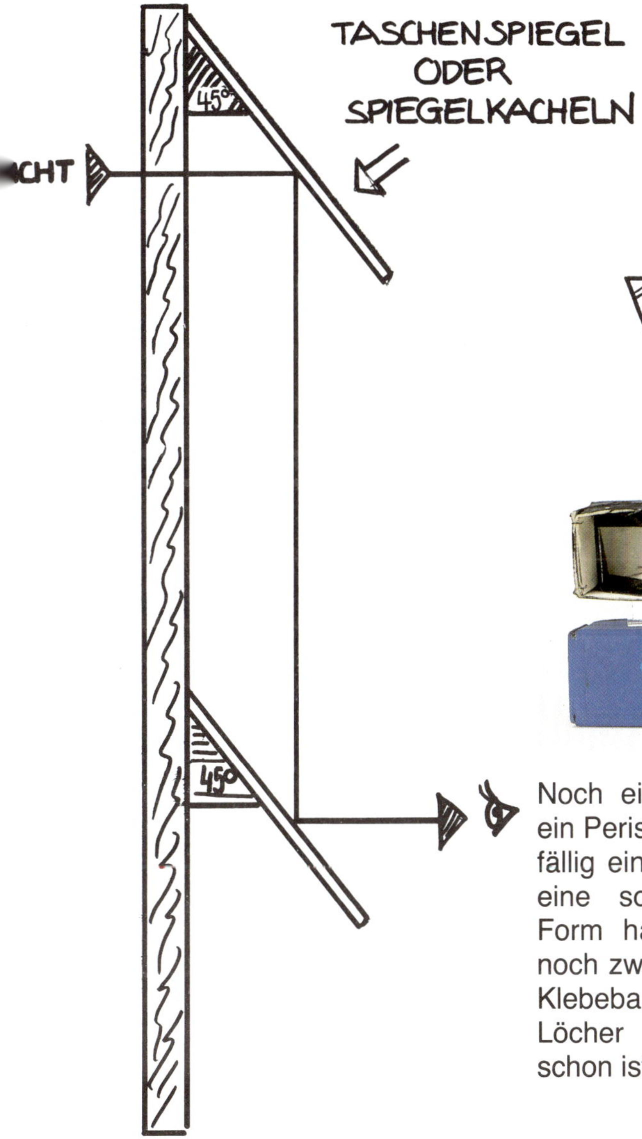

Gewisse Nachteile hat es ja noch. So sehe ich z.B. immer den Befestigungsstab im unteren Spiegel. Aber ... mit etwas Pappe läßt es sich noch verbessern:

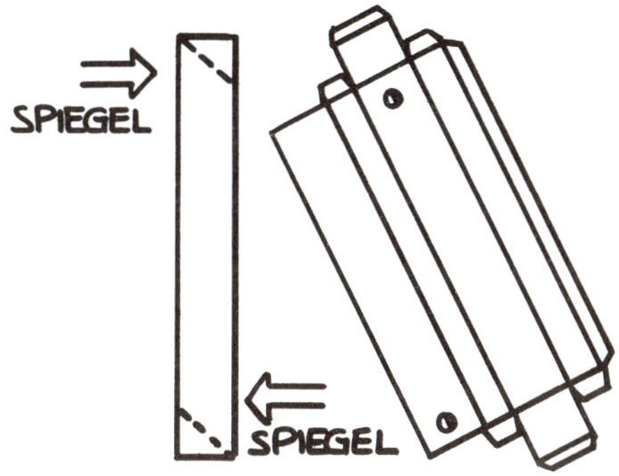

Noch einfacher könnt ihr euch ein Periskop bauen, wenn ihr zufällig einen Karton entdeckt, der eine schlanke, langgestreckte Form hat. Dann müßt ihr nur noch zwei passende Spiegel mit Klebeband hineinkleben, zwei Löcher hineinschneiden, und schon ist das Periskop fertig.

Noch ein Hinweis: Wenn ihr keine passenden Spiegel (z.B. Taschenspiegel) habt, laßt euch beim Glaser ein paar Spiegelstücke zuschneiden oder bittet sonst einen Erwachsenen um Hilfe. Glasschneiden ist nämlich nicht ganz einfach, und ihr könntet euch leicht verletzen.

# Der wahrheitsliebende Spiegel

Mit einem Periskop kann man eine Menge anstellen – auf den Schrank sehen zum Beispiel. Mit einem „Um-die-Ecke-Sehrohr“, das ihr unten auf dem Foto und als Zeichnung seht, kann man noch etwas anderes: um die Ecke sehen, wenn man selbst nicht gesehen werden möchte.

Aber mit Spiegeln kann man nicht nur anderen zuschauen. Habt ihr euch schon einmal selbst gesehen, so wie ihr meint, wirklich auszusehen? Im Spiegel? Na ja, ganz richtig zeigt euch das Spiegelbild nicht. Es vertauscht die Seiten. Rechts wird links, und links wird rechts.

Der wahrheitsliebende Spiegel zeigt euer Bild richtig – ohne vertauschte Seiten. Genauer gesagt: Er vertauscht die Seiten zweimal, weil ihr euer Bild im Spiegel erst seht, nachdem es zweimal gespiegelt ist. So wird aus links zuerst rechts und dann wieder links.

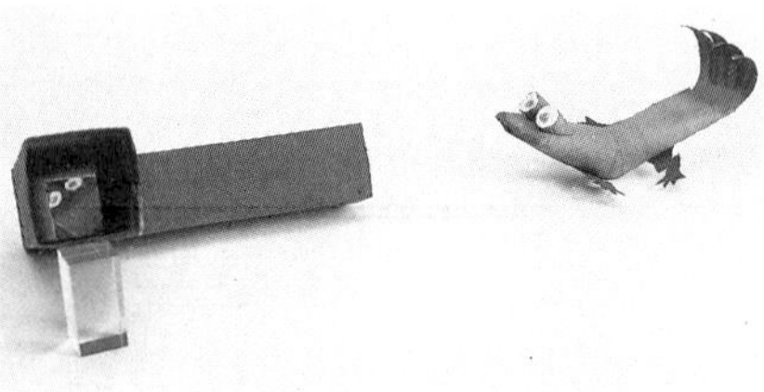

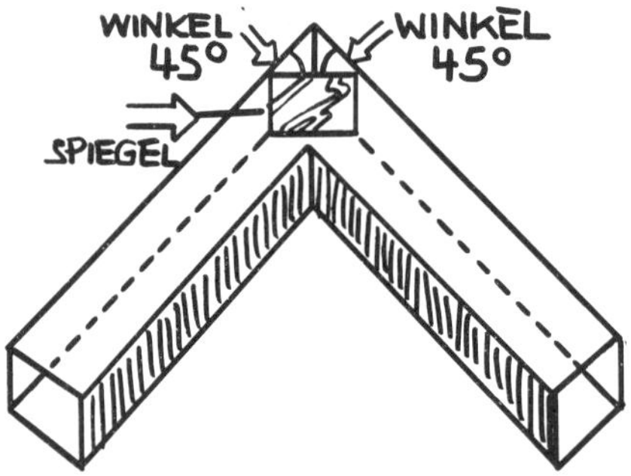

Und er ist einfach zu bauen, der wahrheitsliebende Spiegel: aus zwei Spiegelkacheln und einem Karton. Den Karton so zerschneiden, daß nur eine Ecke übrigbleibt, die Kacheln (z. B. mit doppelseitigem Klebeband oder Alleskleber) hineinkleben – fertig!

Auf dem Foto unten seht ihr noch einen Trick mit dem wahrheitsliebenden Spiegel. Wenn man ihn vor sich hält und ihn nur um 90° dreht, sieht man sich schon auf dem Kopf stehend.

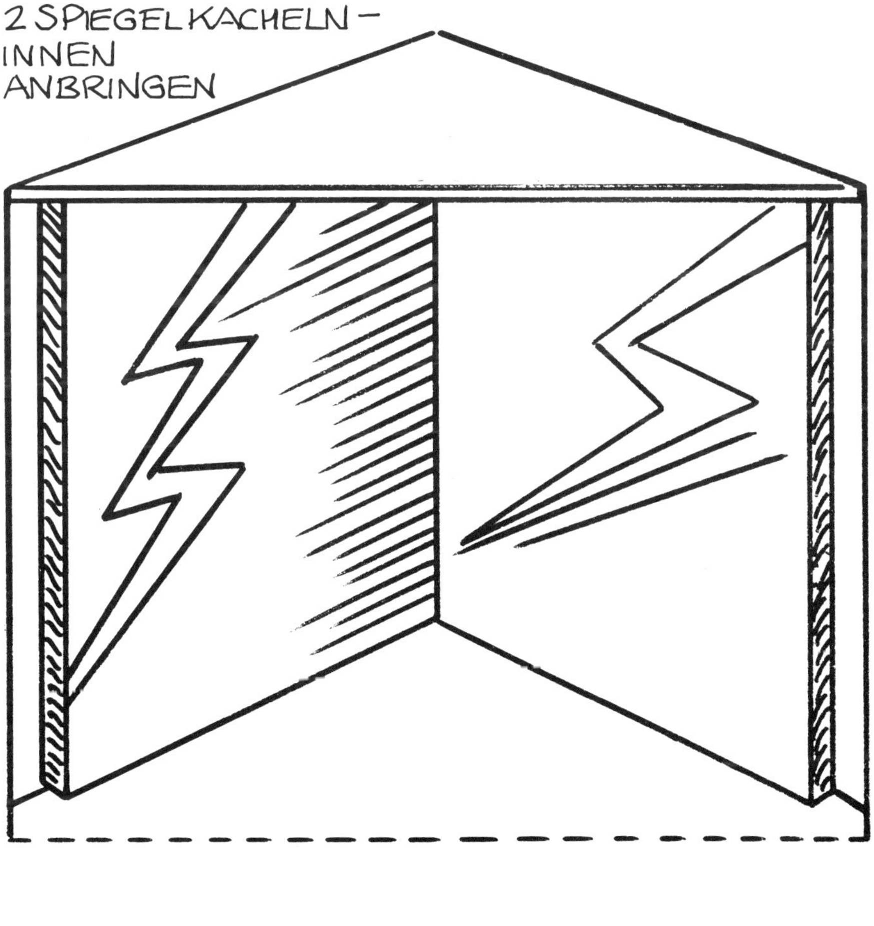

# Der Verschwindibus-Kasten

Spiegel können sogar zaubern, das heißt, nicht Spiegel selbst, aber wenn man sie geschickt einbaut ... Im Verschwindibus-Kasten (streng geheim!) verschwindet ein Gegenstand, weil ein Spiegel das Publikum täuscht.
Von vorn betrachtet, sieht man (aus einiger Entfernung) nämlich nicht, daß der Verschwindibus-Kasten gar nicht leer ist. Sein Boden spiegelt sich in einem schräg eingebauten Spiegel. Das erkennt ihr auf dem Foto rechts an der kleinen Maus, die wir auf den Kastenboden gesetzt haben und die sich spiegelt.
Dabei sind die schwarze Farbe des Kastens und das farbige Quadrat auf dem Boden wichtig – die Zuschauer glauben, einen leeren Kasten zu sehen und lassen sich damit besonders gut täuschen.

Einen Verschwindibus-Kasten kann man aus (fast) jedem Karton bauen – nur zu groß sollte er nicht sein, weil dann der Spiegel zu teuer würde. Man benötigt nur etwas Farbe, (am besten schwarzes) Klebeband und einen passend zugeschnittenen Spiegel (z.B. vom Glaser).

# Das Kaleidoskop

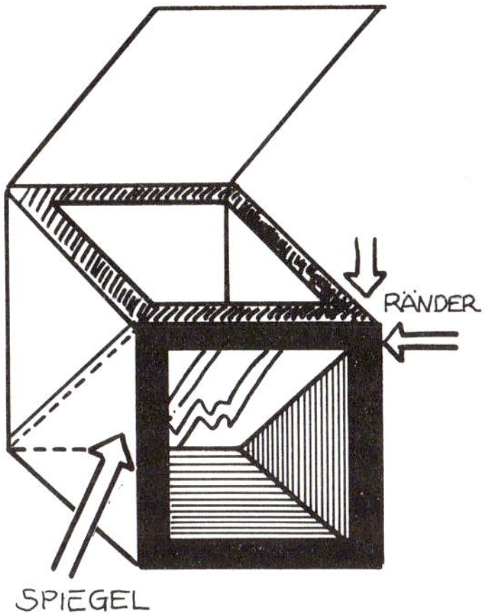


Seine Größe stellt man so fest: Man mißt die Längen der Strekken A und B – bitte unbedingt innen messen, weil der Spiegel ja in den Karton hinein muß.

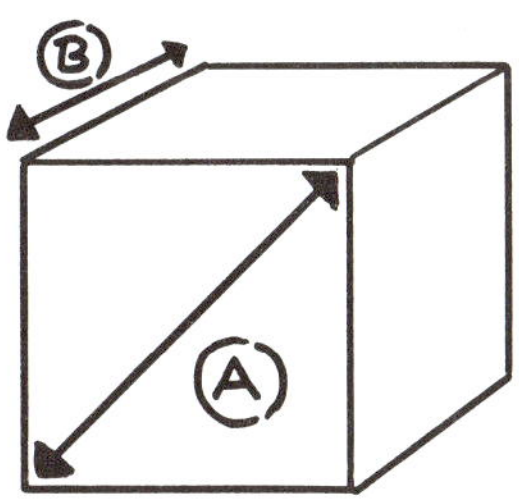


Den Karton anstreichen – an den Kanten schwarz, die Quadrate können jede beliebige Farbe haben, den Spiegel hineinsetzen und von der Rückseite mit Klebeband befestigen.

Auch das Kaleidoskop verzaubert die Wirklichkeit.
Alles, was ihr braucht, sind eine Röhre und zwei oder drei Spiegelstreifen (z.B. vom Glaser).
Die Röhre macht ihr euch selbst – einfach eine Rolle aus Pappe oder starkem Papier mit Klebeband zusammenkleben. Oder ihr nehmt eine Dose. Manche Dosen haben sogar einen lichtdurchlässigen Deckel, der sich für das Spezialmodell mit Füllung eignet.
Das einfache Kaleidoskop ohne Füllung zeigt die Wirklichkeit vielfach gespiegelt.

Wenn ihr es mit einer matten Folie verschließt, mit Klebeband umspannt und kleine farbige Gegenstände (Schnipsel von Trinkhalmen, Konfetti, farbige Folienstückchen o.ä.) hineinfüllt, seht ihr ganz eigene, bunte Bilder.

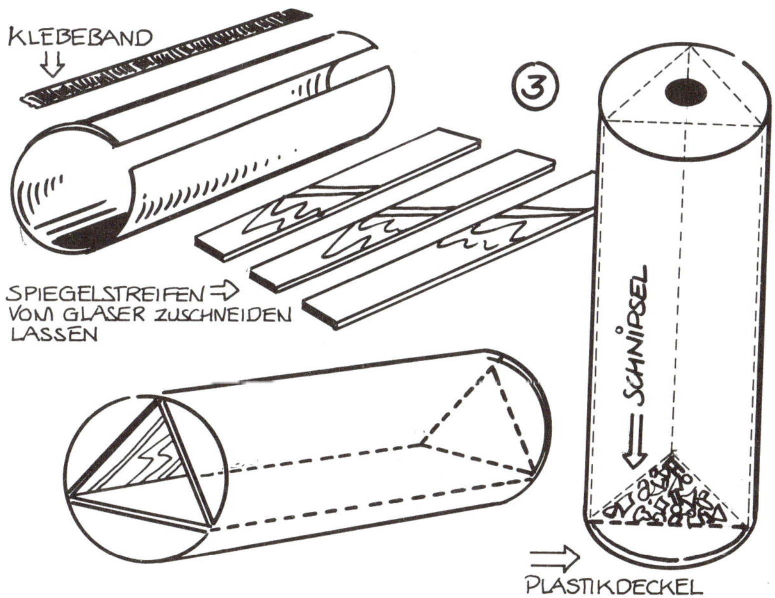

# Eins, zwei, drei – Zauber-Ei

*Beim Einkaufen war ich mal wieder in Gedanken – typisch Peter Lustig. Ich habe an dieses und jenes gedacht – nur nicht an die Sachen, die ich in meine Einkaufstasche gepackt habe. Zu Hause stelle ich jetzt fest, daß ich zwei Kartons Eier gekauft habe. 20 Eier – wer soll die bloß alle essen? Ob ich die Eier zurückbringen soll? Den weiten Weg zum Laden noch einmal machen? Nein, lieber esse ich die Eier auf. Heute mache ich mir Rührei und morgen Spiegelei und übermorgen ein Omelette. Dann am Donnerstag gibt es verlorene Eier und jeden Morgen ein gekochtes Ei.*
*Vielleicht kann man mit den Eiern noch etwas anderes anstellen? Da, jetzt packt mich der Erfinder-Ehrgeiz. Und es sieht so aus, als ob mir auch das ein oder andere zum Thema Ei einfällt . . .*

## Hüpfende Eier

Ein ausgeblasenes Ei stelle ich in ein nicht zu weites Glas, z. B. in ein Sektglas. Wenn ich jetzt kräftig auf das Ei puste, macht es – hupps! – einen gewaltigen Sprung. Mit etwas Übung kann man es sogar von einem in ein anderes Glas hüpfen lassen.

Die Sache funktioniert so: Die Schale des Eis sieht zwar ganz glatt aus, hat aber kleine Unregelmäßigkeiten, so daß das Ei das Glas nicht ganz perfekt abdichtet. Wenn nun Luft auf das Ei geblasen wird, zischt diese wie durch eine Düse durch die Zwischenräume zwischen Ei und Glas und staut sich unter dem Ei. Das geht so schnell, daß unter dem Ei ein kräftiger Druck entsteht – so kräftig, daß der Trick sogar mit einem gefüllten Ei – roh oder gekocht – funktioniert. Das macht dann zwar keine großen Sprünge, aber aus dem Glas blasen kann man es genauso. Oha – und kaputt ist es auch. Na ja, gibt es eben wieder Rührei.

Und noch ein Tip: Wenn ihr Lust habt, könnt ihr aus dem Trick mit dem hüpfenden Ei auch eine Wette machen. Zum Beispiel: Wetten, ich bekomme das Ei aus dem Glas, ohne es zu berühren?

## Das Schwimm-Ei

Beim Eierkochen stieß ich auf die Frage: Schwimmt ein Ei im Wasser? Nein, eigentlich nicht.

Wie könnte man es zum Schwimmen bringen? Mit meinen restlichen 18 Eiern habe ich einige Versuche angestellt. Eins schwimmt wirklich oben, und das ist – igitt – faul. Faule Eier schwimmen, weil sie mehr Gase enthalten als frische Eier.

Soviel schwerer als Wasser kann so ein Ei nicht sein. Ich habe da schon eine Idee ... Salz – das ist die Lösung! Wenn ich genug Salz in Wasser auflöse, wird die Flüssigkeit schwerer. Also rühre ich Salz ins Wasser. Geduld braucht man dazu, Salz löst sich nämlich nur langsam auf. Mit 500 g Salz habe ich aus etwa 1 Liter Wasser eine trübe Brühe gemischt. Am besten, ich lasse die Salzlösung über Nacht stehen, damit sie klar wird.

Am nächsten Morgen hat sich alles aufgelöst. Die Lösung sieht klar und durchsichtig aus – wie reines Wasser. Und jetzt der Versuch: Schwimmt das Ei?

Ja. Es schaut sogar ein bißchen über die Oberfläche – und das, ohne faul zu sein. Nun ist alles vorbereitet für den nächsten Zaubertrick.

# Peter Lustigs schwebendes Wunderei

Zuerst gieße ich etwas Salzlösung in ein größeres Gefäß. Die Salzlösung ist so konzentriert, daß das Ei auf ihr schwimmt. Also nehme ich das Ei wieder heraus und gieße ganz vorsichtig und mit Gefühl Wasser, klares Wasser, in die Salzlösung. Jetzt rühre ich um, damit sich das Wasser gut mit der Salzlösung, die dünner wird, mischt. Richtig, das Ei sinkt schon tiefer ein. Langsam verdünne ich die Salzlösung immer mehr – zwischendurch wird umgerührt –, bis das Ei in ihr schwebt! Ei und Salzlösung haben jetzt genau das gleiche spezifische Gewicht. Deshalb schwebt das Ei in der Salzlösung.

Zu kompliziert? Aber das müßt ihr ja nicht erklären, wenn ihr den Trick mit dem Wunderei vorführt.

Noch ein Tip: Wenn das Ei untergehen sollte, habt ihr die Salzlösung zu stark verdünnt. Dann müßt ihr wieder etwas mehr Salz hineinrühren.

Es schwebt übrigens eine ganze Weile, das Wunderei – ein paar Tage lang. Danach ist das Salz aus der Lösung durch die Schale in das Ei eingedrungen, das somit wieder schwerer als Wasser ist und nach unten sinkt.

Vorsicht: Essen könnt ihr dieses Ei leider nicht mehr – es ist einfach viel zu salzig.

# Das Ei mit Stoßdämpfer – ein Crash-Test

Vierzehn Eier sind noch übrig. Eins schwebt als Wunderei im Wasserglas, eins war faul, und zwei habe ich zu Spiegeleiern gemacht, weil ich nach den vielen Versuchen mit dem schwebenden Wunderei Hunger bekommen hatte. Patsch, hinein in die Pfanne mit dem heißen Fett, salzen, einen Moment braten lassen – fertig!

Ach, übrigens – wie sieht denn so ein Ei im Inneren aus? habe ich mich gefragt. Wenn man es in die Pfanne haut, kann man nicht mehr viel erkennen – nur Eigelb und Eiweiß. Aber ich habe euch das Innere von einem Ei aufgezeichnet:

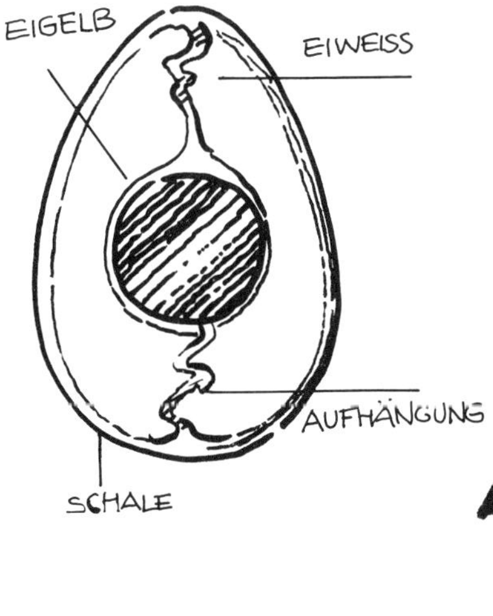


Toll, wie der Eidotter im Eiweiß aufgehängt ist – mit den Hagelschnüren – so sicher wie möglich. Die Schale und das Eiweiß schützen ihn vor Stößen. So ist das also. Da fällt mir ein schöner Versuch ein:

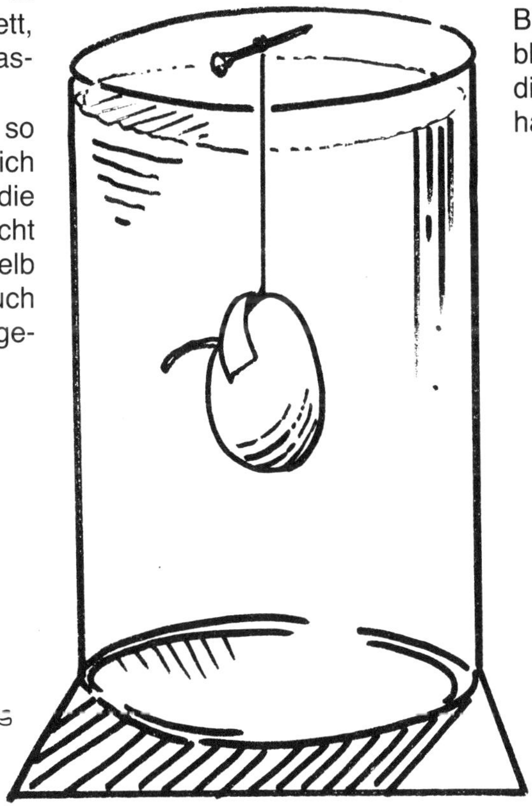

Das ganze Ei ist in einer Kaffeedose aus Blech so aufgehängt, wie drinnen im Ei der Dotter: mit einem Faden in einer Flüssigkeit. Bei meinem Versuch ist es Wasser.

Wenn ich die Dose jetzt fallen lasse ... peng! ... bekommt das Blech eine Beule, aber das Ei bleibt heil. Es ist geschützt durch die Flüssigkeit und die gute Aufhängung.

# Das stabile Wunderei

Eben hatte ich noch 14 Eier – jetzt sind es nur noch 10. Eins habe ich in die Kaffeedose gehängt und drei sind mir vom Tisch gerollt, weil ich nicht aufgepaßt habe. Glücklicherweise konnte ich noch schnell eine Pfanne drunter halten. Dann gibt es eben wieder Rührei.
Aber diese Panne hat mich noch auf eine andere Idee gebracht: Ich habe ein Ei ausgeblasen und zur Hälfte mit feinem Sand gefüllt – Vogelsand aus der Tierhandlung. Die Löcher vom Ausblasen habe ich mit etwas Klebeband (Tesafilm zum Beispiel) verschlossen. Schon wieder ist ein Wunderei fertig. Dieses Ei ist nämlich träge – sehr träge. Wie man es auch anstellt, es bewegt sich nur sehr widerwillig. Es rollt nicht weg, weil der schwere Sand es festhält.
Ach ja, da fällt mir ein: Wie kann man ein gekochtes Ei von einem rohen Ei unterscheiden, ohne es aufzuschlagen?
Wenn ihr es nicht wißt, hier ist ein Tip dazu.

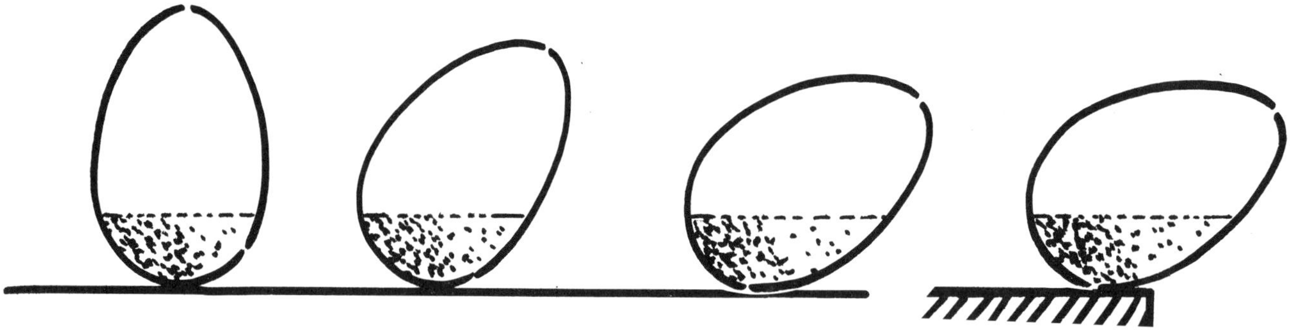

# Peters Eier-Testverfahren Nr. 1

Rohe und gekochte Eier sind durcheinandergeraten? Kein Problem! Jedes Ei einfach auf einer ebenen Fläche wie einen Kreisel in Bewegung setzen.
Rohe Eier drehen sich nur unwillig und bleiben schnell wieder bewegungslos liegen – die innen schwappende Flüssigkeit dämpft die Kreiselbewegung, weil sie sich nicht mitdrehen will. Gekochte Eier kreisen lange und schnell – die feste Masse in ihrem Inneren dreht sich sofort mit, hat dadurch Schwung, und das Ei dreht sich weiter.
Wem Peters Eier-Testverfahren Nr. 1 zu gefährlich ist, weil die Eier ja vom Tisch rollen könnten, der versucht es mit dem nächsten Tip: Peters Eier-Testverfahren Nr. 2.

## Peters Eier-Testverfahren Nr. 2

Das ist noch einfacher: Das Ei, das ihr prüfen wollt, haltet ihr einfach vor eine starke Glühbirne.
Rohe Eier scheinen durch, weil die Schale außen und die klare Flüssigkeit innen etwas Licht durchlassen.
Gekochte Eier sehen dunkel aus. Das Licht dringt durch die Schale, aber das beim Kochen geronnene Ei-Innere ist lichtundurchlässig.

## Wie kommt das Ei in die Flasche?

Eben waren es noch 9 Eier – jetzt sind es nur noch 7. Beim Eier-Testverfahren Nr. 1 war ich zu ungeschickt. Zwei rohe Eier sind wieder vom Tisch gerollt. Diesmal war ich mit der Pfanne nicht schnell genug – Eierpampe! Nur Nachbars Katze hat das genüßlich aufgeschleckt. Eigentlich könnte ich mal wieder ein weichgekochtes Ei essen. Ich pelle es . . ., da fällt mir noch ein Trick ein: Das Ei in der Flasche. Wie es durch den Flaschenhals kommt? Das ginge nicht? Mit meinem Trick schon.

Eine Flasche mit nicht zu engem Hals (Saftflaschen sind geeignet) stelle ich in heißes Wasser, und zwar so lange, bis sich auch die Luft innen in der Flasche erwärmt hat. Dann stelle ich sie auf den Tisch und setze das Ei oben auf den Flaschenhals wie einen Korken. Das ist alles. Jetzt geschehen nämlich wundersame Dinge. Langsam, ganz langsam . . . kriecht das Ei durch den engen Hals in die Flasche! Flupp, ist es drinnen! Zauber-Ei?
Keine Angst, es geht mit ganz natürlichen Dingen zu. Die Luft in der Flasche kühlt sich langsam ab, und weil kalte Luft weniger Raum einnimmt als warme, zieht sie sich zusammen – und saugt das weiche Ei durch den Hals in die Flasche. Wer diese Erklärung nicht kennt, könnte wirklich an Zauberei denken.
Und wenn mich nun doch wieder ein Heißhunger auf Eier überkommt, wie kriege ich das Ei dann aus der Flasche? Ganz einfach: die Flasche umdrehen, mit dem Flaschenhals nach unten, und reinpusten. Erinnert euch mal an das hüpfende Ei.

# Eier-Batik

Das gekochte Ei aus der Flasche habe ich mit etwas Senf und Salz gegessen. Pappsatt bin ich jetzt, und Eier mag ich in den nächsten drei Wochen keine mehr essen. Aber immer noch habe ich Eier übrig. Am besten, ich verschenke ein paar. Hübsch sollen sie aussehen. Ob ich sie einfach färbe? Na ja, keine so besonders großartige Idee. Das macht ja jeder Osterhase! Aber da fällt mir ein ... wenn ich ... einen Moment bitte ...

Na, wie gefallen euch meine Batik-Eier? Zuerst habe ich sie bemalt: mit einem Pinsel und einer Wachslösung. Die habe ich selbst hergestellt. Ich habe einfach eine Haushaltskerze in kleine Stückchen geschnitten und sie über Nacht in etwas Terpentin aufgelöst. Es löst sich übrigens nicht alles, aber die klare Flüssigkeit enthält genügend aufgelöstes Wachs.

Meine Bemalung sah allerdings zuerst nicht besonders toll aus, weil das durchsichtige Wachs auf der weißen Eierschale kaum zu sehen war. Es gehört schon etwas Fantasie dazu.

Der tolle Trick kommt jetzt: Ich habe die Eier gefärbt, wie zu Ostern die Ostereier. Die vorbereiteten Eier habe ich in kalt lösliche Eierfarbe gelegt. Dort, wo kein Wachs hingekommen ist,

hat die Farbe die Schale erreicht – und natürlich auch gefärbt. Nur unter der Wachsschicht blieb die Schale unversehrt weiß. Fertig sind meine tollen Batik-Eier.

Einige Eier habe ich übrigens zweimal gefärbt. Zuerst habe ich ihnen beim ersten Färben eine Grundfarbe gegeben. Dann habe ich sie mit meiner Wachslösung bemalt und ein zweites Mal in einer anderen Farbe gefärbt. Das Ergebnis sind zweifarbig bemalte Eier.